AF642841

Ludwig Thuille und Richard Strauss
Die Kraft einer Künstlerfreundschaft

Die Veröffentlichung dieses Buches wurde ermöglicht
Dank der Unterstützung von

AUTONOME PROVINZ BOZEN SÜDTIROL
PROVINCIA AUTONOMA DI BOLZANO ALTO ADIGE
Deutsche Kultur

gefördert von
Stiftung Südtiroler Sparkasse

und Dank des inhaltlichen Beitrags von

RICHARD STRAUSS INSTITUT

TIROLER LANDESMUSEEN

Franz Gratl

Ludwig Thuille und Richard Strauss

Die Kraft einer Künstlerfreundschaft

Herausgeber
Kulturverein ARTON

ATHESIA VERLAG

Inhalt

Vorwort

Liebe Leserinnen und Leser,

im Leben ist echte Freundschaft selten und daher wohl immer als außerordentliches Geschenk zu betrachten. Wie wichtig freundschaftliche Verbindungen sind und was sie bewirken können, zeigt sich bereits im Kindesalter und kann maßgeblich unsere Entwicklung beeinflussen. Freundschaft fördert mentale Grundlagen wie Vertrauen und Wertschätzung im weitesten Sinne und wirkt generationenübergreifend. Kurzum, wir brauchen sie, um die Person zu werden, die wir sind.

So erlebten es auch die beiden Komponisten Ludwig Thuille aus Bozen und Richard Strauss aus München, die durch ihre ausgeprägte Freundschaft bereits in Ihrer Jugend entscheidende Entwicklungsschritte in ihren jeweiligen Werdegängen erfahren durften.

Die 2019 gegründete Südtirol Filarmonica widmete ihre Konzertreihe im Oktober 2024 mit dem Titel „Die Kraft der Freundschaft" diesen beiden Komponisten und unterstrich durch ein Gastkonzert im Münchner Herkulessaal die Bedeutung von Freundschaft auch in einem länderübergreifenden Zusammenhang zwischen Südtirol und Bayern, den Herkunftsländern der beiden Künstler.

Diese Künstlerfreundschaft angemessen zu würdigen, soll durch diese Publikation zum Ausdruck gebracht werden.

Hierfür konnte dankenswerterweise der Autor Dr. Franz Gratl, Kustos der Musiksammlung am Tiroler Landesmuseum Ferdinandeum in Innsbruck, gewonnen werden.

Michael Pichler

Künstlerischer Leiter Südtirol Filarmonica

Vorstand im Kulturverein ARTON

Zu diesem Buch

Dieses Büchlein ist der musikalischen Künstlerfreundschaft zwischen Richard Strauss und Ludwig Thuille gewidmet. Sosehr sich die beiden Freunde vom Anfang ihrer Bekanntschaft bis zum jähen Ende ihres Freundschaftsbundes mit Thuilles Tod 1907 auf Augenhöhe austauschten und wechselseitig respektieren, sosehr hat die Nachwelt ihr unbarmherzig wertendes Urteil gefällt: Richard Strauss ist auch 75 Jahre nach seinem Tod einer der weltweit meistaufgeführten Komponisten, Thuille hingegen fast vergessen, sieht man von einigen wenigen Werken ab, die zwar nicht häufig, aber wenigstens immer wieder den Weg auf das Konzertpodium finden. Dabei würden es viele Kompositionen des gebürtigen Bozners absolut verdienen, häufiger aufgeführt und dem Vergessen entrissen zu werden. Man wundert sich überhaupt über das geringe Interesse an einem Künstler, den ein Welt-Musiker wie Richard Strauss respektierte und auch als Komponist ehrlich schätzte – und dem er ein Schlüsselwerk, die Symphonische Dichtung „Don Juan" op. 20, in Freundschaft widmete. Nicht minder erstaunlich ist die Vernachlässigung Thuilles durch die musikwissenschaftliche Forschung. Das zeigt sich exemplarisch an der Biografie: Viele Angaben, die in der einschlägigen Literatur – vor allem in den Thuille-Artikeln in den bedeutenden Musiklexika – kolportiert werden, beruhen auf einer Publikation aus dem Jahr 1923, Friedrich Munters erstem biografischen Versuch über den aus Bozen stammenden Komponisten. Manche durch die Thuille-Literatur geisternden Fehlinformationen werden in diesem Buch richtiggestellt, viele Fakten ergänzt, insbesondere in Hinblick auf Tirol-relevante Details. Dabei werden gewisse Desiderata der Thuille-Forschung in dieser populärwissenschaftlichen Publikation notgedrungen ausgespart, etwa eine systematische Aufarbeitung des umfangreichen Thuille-Nachlasses in der Bayerischen Staatsbibliothek München. Berücksichtigt wurden nur jene Nachlass-Bestände, die bereits digital verfügbar sind. Dafür konnte auf zum Teil hier erstmals ausgewertete Quellen aus Bibliothek und Musiksammlung des Tiroler Landesmuseums Ferdinandeum in Innsbruck zurückgegriffen werden. Angesichts der Tatsache, dass Leben und Schaffen von Richard Strauss unvergleichlich gründlicher und in einer schier unüberschaubaren Flut von Publikationen wissenschaftlich aufgearbeitet sind, steht der große Tiroler Ludwig Thuille naturgemäß besonders im Fokus dieses Büchleins: Möge es dazu beitragen, diese Südtiroler Musikerpersönlichkeit mit einer internationalen musikalischen Karriere ins Gedächtnis einer interessierten Öffentlichkeit zu rufen. Mein Dank gilt Zeno Kerschbaumer und Michael Pichler vom Kulturverein ARTON, die diese Publikation angeregt, ermöglicht und begleitet haben, weiters mehreren Personen und Institutionen für wertvolle Unterstützung und hilfreiche Informationen, zunächst dem Richard-Strauss-Institut in Garmisch-Partenkirchen, namentlich dessen Leiter Dr. Dominik Šedivý und dem wissenschaftlichen Mitarbeiter Dr. Thomas Glaser, weiters Frau Univ.-Prof. Dr. Juliane Brandes von der Universität Mozarteum in Salzburg, außerdem meinen Kolleginnen und Kollegen von der Bibliothek des Tiroler Landesmuseums Ferdinandeum und meinem wissenschaftlichen Mitarbeiter in der Musiksammlung dieses Hauses, Mag. Dr. Andreas Holzmann.

Ludwig Thuille:

Von Bozen in die große musikalische Welt

Thuilles Eltern

Ludwig Thuille wurde am 30. November 1861 im Tschurtschenthaler-Haus in Bozen (Ecke Mustergasse/Pfarrgasse) geboren.[1] Sein Vater Johann besaß in der Talferstadt seit 1839 eine Kunst- und Musikalienhandlung am Obstplatz Nr. 142. Die Liebe zur Musik war dem Handelsmann Johann Thuille gewissermaßen in die Wiege gelegt worden: Sein Vater Barthlmä Thuille, der aus Laas im Vinschgau stammte, war Schullehrer und Organist, zunächst in Aldein im Eisacktal und später in Sarnthein im Sarntal; beide Ämter gingen nach Barthlmäs Tod auf Johanns ältesten Bruder Joseph über. Man kann also mit Fug und Recht behaupten, dass Ludwig Thuille einer Musikerfamilie entstammte; allerdings brachte nur er es zu überregionaler Berühmtheit. Noch immer liest man da und dort von einer französischen Abstammung der Familie Thuille[2] – und wenn im Radio Werke aus Ludwigs Feder erklingen, dann wird sein Name nicht selten französisch ausgesprochen. Das hat schon der Schriftsteller und bekennende Musikliebhaber Herbert Rosendorfer fest- und richtiggestellt: Die Familie Thuille kommt definitiv aus dem Vinschgau, der Name ist rätoromanischen Ursprungs.[3] Ludwigs Musikalität und Musikliebe wurden ihm

1 Zu Thuilles Herkunft und seinen nächsten Verwandten siehe Hanns Engl, „Der Bozner Komponist Ludwig Thuille stammt aus dem Vinschgau. Ein genealogischer Beitrag zu seinem 100. Todesjahr", in: Der Schlern, 81. Jg. (2007), Heft 9, S. 62–65.

2 So ist etwa im Artikel „Thuille, Ludwig Wilhelm Andrae" in der „Neuen Deutschen Biographie" zu lesen: „Aus savoyard[ischer] Fam[ilie], die n[ach] Südtirol zuwanderte." Der Artikel ist online zu finden unter https://www.deutsche-biographie.de/sfz10919.html#ndbcontent, Zugriff 16.6.2024. Auch Alfons Ott liefert „Fake News" in Bezug auf Thuilles Herkunft: „Sein Familienname leitet sich von dem Flüsschen ‚La Thuille' her, das in Savoyen in der Nähe des Montblanc entspringt. Von dorther kamen seine Vorfahren, die seit vielen Generationen in Tirol sesshaft sind." Siehe Alfons Ott (Hrsg.), Richard Strauss und Ludwig Thuille: Briefe der Freundschaft 1877–1907, München 1969, S. 223.

3 Herbert Rosendorfer, „Ludwig Thuille – Leben und Werk", in: Komponisten in Bayern, Band 16: Ludwig Thuille, Tutzing 1993, S. 13–35, hier S. 15.

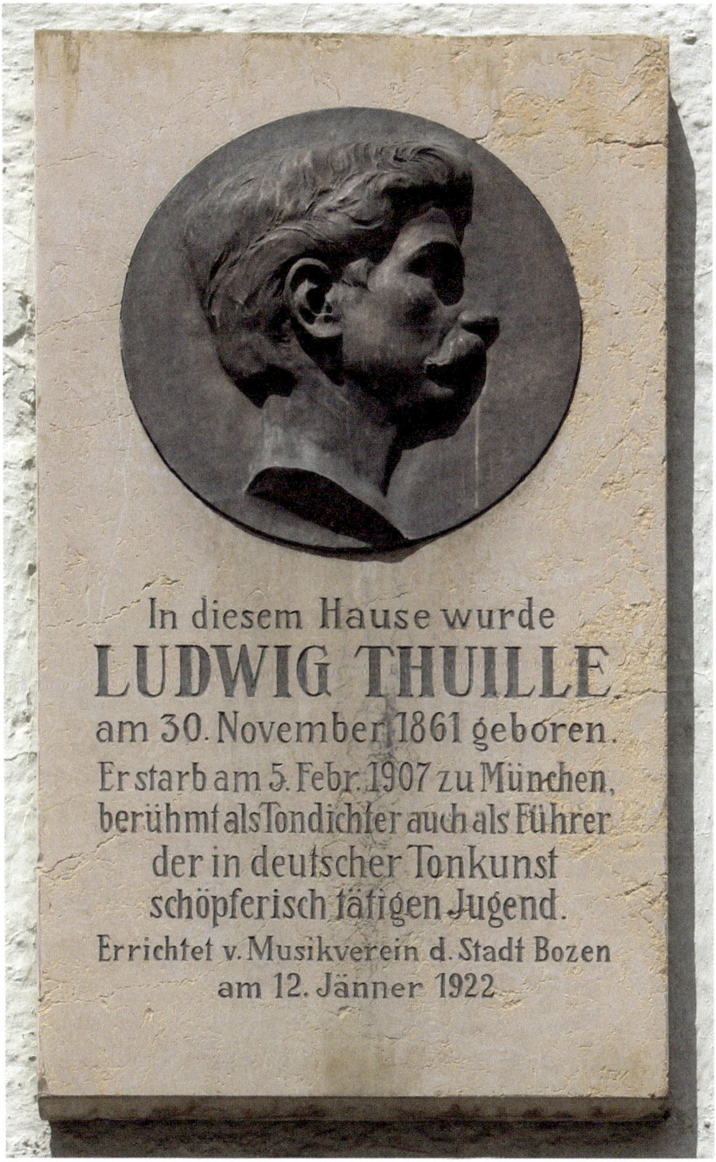

Gedenktafel am Geburtshaus von Ludwig Thuille, Bozen, Mustergasse 6, Quelle: Wikimedia Commons

aber nicht nur von der Seite des Vaters vererbt, seine Mutter trug ebenfalls nicht unwesentlich dazu bei, auch wenn sie schon früh starb: Maria Nothburga Offer wurde 1826 in Gries am Brenner als Tochter eines Gerichtskassiers geboren. Sie hatte eine sehr schöne Singstimme und musizierte eifrig.[4] Den musikalischen Aufstieg ihres Sohnes durfte sie nicht miterleben, denn sie starb schon 1867, als Ludwig noch keine sechs Jahre alt war. Eine reiche Quelle für (leider nicht immer zuverlässige) Anekdoten aus Thuilles Kindheit und Jugend ist sein erster Biograf Friedrich Munter.[5] Manches wird er als Thuille-Schüler von seinem Lehrer selbst in Erfahrung gebracht haben, doch im Jahr der Publikation der Biografie war Ludwig Thuille schon 15 Jahre tot. Manches wird die Witwe des Komponisten, Emma, Friedrich Munter mitgeteilt haben – ihr ist das Büchlein auch gewidmet. Sie selbst musste diese Geschichten freilich aus dem Munde ihres Gatten oder von Verwandten erfahren haben, eine Zeitzeugin für Ludwig Thuilles Kindheit und Jugend war sie nicht. Laut Munter war Johann Thuille Ludwigs erster Lehrer im Klavierspiel – das ist durchaus plausibel. Weiters erzählt Munter Anekdoten, wie sie ähnlich von vielen anderen echten oder vermeintlichen musikalischen Wunderkindern überliefert wurden und werden:

> *[...] auf einem kleinen Harmonium im väterlichen Laden pflegte er alles nachzuspielen, was er gehört hatte, und damit die Aufmerksamkeit eines sich um ihn versammelnden Zuhörerkreises zu erregen. Bald zeigte sich auch ein auffallendes Talent zum Improvisieren, und*

4 Alfons Ott (Hrsg.), Richard Strauss und Ludwig Thuille: Briefe der Freundschaft 1877–1907, München 1969, S. 223.

5 Friedrich Munter, Ludwig Thuille. Ein erster Versuch (Zeitgenössische Komponisten. Eine Sammlung, herausgegeben von Hermann Wolfgang v. Waltershausen, Band VIII), München 1923.

> *schon mit acht Jahren fing er an, kleine Kompositionen für Klavier und Violine anzufertigen und niederzuschreiben. Also das richtige musikalische Wunderkind.*[6]

Diese Geschichten müssen im Umfeld Thuilles tradiert worden sein, denn auch Thuilles Lehrer Josef Pembaur greift sie im Nachruf auf seinen Schüler auf:

> *In väterlicher Fürsorge mit einem gewissen praktischen Musikwissen leitete der Kaufmann Thuille, der seinen fünfjährigen Ludwig am Harmonium den tirolischen Mozart nannte, dessen erste musikalische Erziehung und die oft zu strenge Unterrichtsmethode des gewissenhaften Vaters wußte die besorgte Liebenswürdigkeit der auch musikalisch veranlagten Mutter zu mildern.*[7]

Im 19. und frühen 20. Jahrhundert gehörte der Wunderkind-Topos zum Künstlermythos, in kaum einer Biografie eines bedeutenderen Komponisten wurde er ausgespart. Aber selbst wenn man einen gewissen Grad an Verklärung und Legendenbildung in Betracht zieht, so klingen die Geschichten über den jungen, hochbegabten Ludwig Thuille doch recht plausibel, denn im „väterlichen Laden", in der Bozner Kunst- und Musikalienhandlung von Johann Thuille, standen tatsächlich Tasteninstrumente, nachweislich auch vom Typ Harmonium – und wenn der Knabe eine ausgeprägte musikalische Ader hatte, wird er den Drang verspürt haben, diese Instrumente auszuprobieren.

6 Friedrich Munter, Ludwig Thuille. Ein erster Versuch (Zeitgenössische Komponisten. Eine Sammlung, herausgegeben von Hermann Wolfgang v. Waltershausen, Band VIII), München 1923, S. 13.

7 J[osef] P[embaur], Ludwig Thuille [Nachruf], in: XXXI. Jahresbericht 1906–1907 des Musikvereines Innsbruck, Innsbruck: Selbstverlag des Musikvereins, 1907, S. 48–51, hier S. 49.

Johann Thuille als Musikalien- und Instrumentenhändler

Der Vater Johann handelte mit Musikalien und auch mit Musikinstrumenten, wie schon der Annonce zu entnehmen ist, mit der er im Jänner 1839 die Eröffnung seines Geschäftes öffentlich bekannt machte:

> *Unterzeichneter hat die Ehre hiemit die ergebenste Anzeige zu machen, daß er auf hiesigem Platze eine Kunst- und Musikalienhandlung errichtet habe, und empfiehlt sich mit einer Auswahl von Kupferstichen und Lithographien, Musikalien (besonders Kirchenmusik für das Land), Stickmustern, Schreib- und Zeichenmaterialien und allen in dieses Fach einschlagenden Artikeln. Ferners übernimmt er alle Bestellungen von Pianoforten, Physharmoniken*[8]*, Blas- und Streich-Instrumenten. Die persönliche Bekanntschaft mit den Erzeugern setz ihn in den Stand, nur gute und reine Erzeugnisse zu liefern, für deren Güte und Reinheit er bürgt. Sein Verkaufsgewölbe befindet sich auf dem Obstplatze Nr. 142.*
> *Botzen, im Jänner 1839.*
> *Johann Thuille.*[9]

Wahrscheinlich wurde Johann Thuille von seinem damaligen Schwiegervater, dem Vater seiner ersten Frau Therese geb. Tschurtschenthaler (1821–1945), dazu angeregt, eine Kunst- und Musikalienhandlung zu eröffnen, denn auch Martin Tschurtschenthaler war als Buch- und Kunsthändler tätig. Johann Thuille rühmt sich in der zitierten Annonce seiner guten persönlichen Kontakte

8 Die Physharmonika, eine Vorläuferin des Harmoniums, wurde 1821 erstmals gebaut und erfreute sich bis um die Mitte des 19. Jahrhunderts großer Beliebtheit.

9 Bote für Tirol und Vorarlberg, 17.1.1839, S. 33.

zu Instrumentenbauern. Bei den „Pianoforten" kommt aufgrund der räumlichen Nähe zunächst vor allem der Klavier- und Orgelbauer Johann Georg Gröber in Innsbruck als renommierter „Platzhirsch" in Frage, bei den Blasinstrumenten Johann Groß in Innsbruck, der in seiner Kunst- und Musikalienhandlung auch böhmische Gesellen beschäftigte, die Holz- und Blechblasinstrumente bauten und reparierten. Doch scheinen Johann Thuilles Kontakte bis nach Wien gereicht zu haben, denn wenn die Herkunft oder der Hersteller von Instrumenten genannt sind, dann verweisen sie fast ausschließlich auf Wiener Instrumentenbauer – und eigentlich nie auf Gröber in Innsbruck und andere lokale Hersteller. In der „Bozner Zeitung" und im „Boten für Tirol und Vorarlberg" inseriert Johann Thuille nämlich regelmäßig und bietet neben Musikalien Instrumente zum Verkauf (oder auch Verleih) an, 1839 etwa eine „neue doppeltönige Physharmonika von Deutschmann", „Eine überspielte Physharmonika von demselben Meister" und „Ein überspieltes Pianoforte von Schanz mit 6 Oktaven"[10], etwas später „Feine, sowohl Terz- als auch gewöhnliche Guitarren von J. A. Stauffer, ordinäre Wiener Guitarren, einige gute alte als auch ordinäre neue Violinen. Ferners ein Paar neue Maschin-Waldhorn"[11]. „Ein neues Forte-Piano mit 6½ Oktaven von Ludwig Mooser in Salzburg" bietet Thuille 1846 an.[12] Diese wenigen ausgewählten Beispiele zeugen von Umfang, Qualität und überregionalem Fokus von Thuilles Instrumenten-Sortiment.

10 Intelligenz-Blatt zum Boten für Tirol und Vorarlberg, 11.4.1839, S. 211.

11 Bote für Tirol und Vorarlberg, 6.5.1839, S. 305. Dass Thuille bereits zu dieser Zeit Gitarren des renommierten Wiener Instrumentenbauers Johann Georg Stauffer (1778–1853) im Sortiment hatte, ist laut Auskunft des Gitarren-Experten Stefan Hackl (Rinn) durchaus bemerkenswert und eventuell mit der Durchreise und Auftritten des Gitarrenvirtuosen Luigi Legnani (1790–1877) im Jahr 1837 zu sehen.

12 Bozner Zeitung, 13.3.1846, S. 85.

Johann Thuille als Musikverleger

Johann Groß in Innsbruck, von dem Johann Thuille mit großer Wahrscheinlichkeit Holz- und Blechblasinstrumente bezog, handelte nicht nur mit Instrumenten, er war vor allem einer der rührigsten Musikverleger des deutschsprachigen Raumes. Er verdankte einen Gutteil seines ökonomischen Erfolges dem Umstand, dass er die Kirchenchöre mit leicht aufführbarer „Kirchenmusik für das Land" versorgte. Die Verlagswerke von Johann Groß wird Johann Thuille sicher angeboten haben (das ist sogar mehrfach durch Annoncen belegt), aber offenbar wollte er es seinem Innsbrucker Kollegen gleichtun: Auch er betätigte sich als Musikverleger und publizierte ausschließlich Musik von in Bozen und Umgebung tätigen Komponisten, zu denen er sicherlich persönliche Kontakte pflegte. Das erste Verlagsprodukt der „Kunst- und Musikalienhandlung Johann Thuille in Bozen" waren bezeichnenderweise zwei Tantum ergo op. 8 von Matthäus Nagiller (1815–1874) – der Name Nagiller sollte Jahrzehnte später für Ludwig Thuille große Bedeutung erlangen, doch dazu später mehr. Der aus Münster im Tiroler Unterland gebürtige Bauernsohn Nagiller hatte nach Studien am Innsbrucker Musikverein und am Wiener Konservatorium der Gesellschaft der Musikfreunde lange Jahre in Paris gelebt und war im Revolutionsjahr 1848 wieder in deutsche Lande zurückgekehrt. In Südtirol machte er sich als Kapellmeister des Freiherrn Franz von Goldegg in Partschins einen Namen. Um 1856, dem Erscheinungsjahr der Tantum ergo bei Thuille in Bozen, hielt er sich vorrangig in München auf. Einige Jahre später sollte Bozen für kurze Zeit seine Wirkungsstätte werden: 1862 wurde er zum Kapellmeister des 1855 gegründeten Bozner Musikvereins ernannt. Von 1866 bis zu seinem Tod 1874 leitete Matthäus Nagiller dann den schon seit 1818 bestehenden Innsbrucker Musikverein. Viele Kompositionen Nagillers sind bewusst einfach und volkstümlich gehalten. Sie richteten sich dezidiert an Landkirchenchöre und fanden nicht zuletzt aus diesem Grund weit über die Grenzen Tirols hinaus enorme Verbreitung.[13] Dies gilt in besonderem Maße für seine bei Johann Groß in Innsbruck erschienenen Landmessen, aber auch für die von Johann Thuille verlegten Tantum ergo op. 8. Noch im gleichen Jahr wie diese Tantum ergo, 1856, veröffentlichte Johann Thuille einen „Volksgesang zum heiligsten Herzen Mariä" von Jakob Schgraffer (1799–1859), der als Pfarrorganist die Zentralfigur im Bozner Musikleben der ersten Hälfte des 19. Jahrhunderts war und auch ein Kaffeehaus am Waltherplatz führte. Schgraffer war ein fähiger Komponist und hatte am Konservatorium in Mailand eine profunde Ausbildung erhalten. Seine Kompositionen erschienen zuvor bei damals bekannten Verlagen, u. a. bei Anton Böhm in Augsburg und bei Anton Diabelli in Wien. Bei Thuille wurde einzig das genannte leicht aufführbare Marienlied für vier Singstimmen und Orgel veröffentlicht. Nach seinen Erstlings-Druckwerken von 1856 betätigte sich Johann Thuille zwölf Jahre lang nicht mehr als Verleger. Erst 1868, zwölf Jahre später, kam es zu einem erneuten Aufflammen seiner Aktivitäten in diesem Sektor. Wiederum ließ Matthäus Nagiller, damals bereits amtierender Innsbrucker Musikvereinsdirektor, ein Werk aus seiner Feder im Verlag von Johann Thuille erscheinen, nämlich „2 Predigtgesänge" – erneut Musik vom Typus „leicht aufführbare Kirchenmusik für Landchöre". Ebenfalls 1868 publizierte Johann Thuille Gradualien von Franz Schöpf (1836–1915): Der gebürtige Girlaner hatte 1859 Jakob Schgraffers Nachfolge als Bozner Pfarrorganist angetreten und schickte sich an, einer der

13 Vgl. Franz Gratl, „Matthäus Nagiller im Tiroler Lehrerorganisten-Milieu des 19. Jahrhunderts. Ein Beitrag zum 200. Geburtstag des Komponisten", in: Wolfgang Meighörner (Hg.), „Was Hänschen nicht lernt ..." (Studiohefte 26), Beiheft zur Ausstellung im Museum im Zeughaus, 27. November 2015 – 13. März 2016, Innsbruck 2015, S. 36–49.

fruchtbarsten und populärsten Komponisten von „Kirchenmusik für Landchöre“ zu werden. Ebenfalls im Jahr 1868 publizierte Johann Thuille zwei Märsche („Salzburger Abschieds-Marsch“ und „Tiroler Schützen-Marsch“) und eine Polka française des in Bozen stationierten österreichischen Militärkapellmeisters Rudolf Melusin (1826–1887). Nach dieser kurzzeitigen Intensivierung kam Johann Thuilles musikverlegerische Tätigkeit endgültig zum Erliegen.

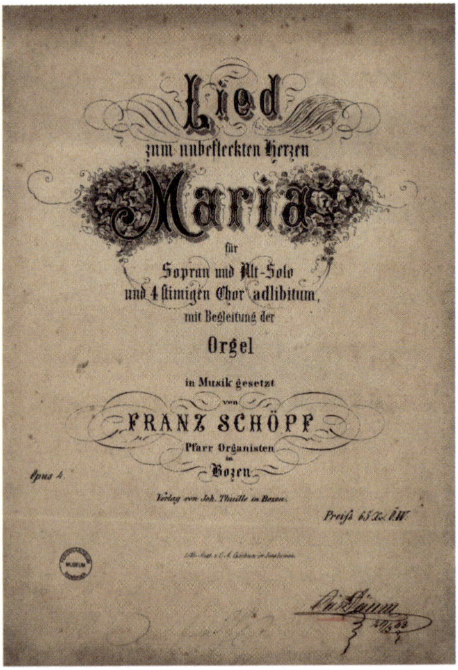

Franz Schöpf, Lied zum unbefleckten Herzen Mariä, Bozen: Ludwig Thuille, um 1868, Titelblatt, Tiroler Landesmuseum Ferdinandeum Innsbruck, Musiksammlung, M 9586, Foto: TLM

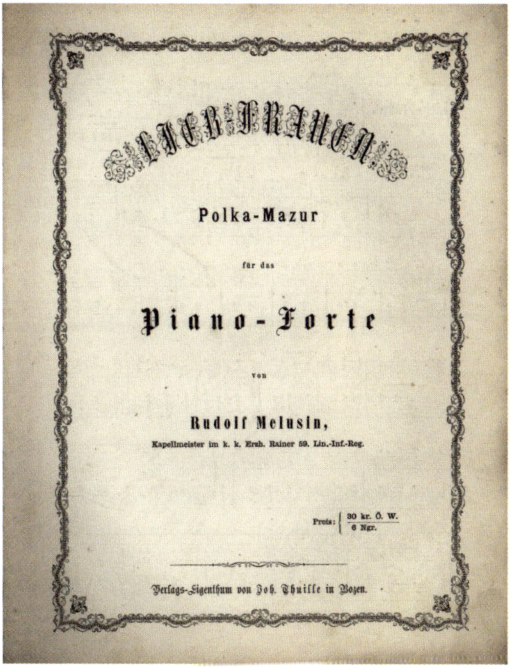

Rudolf Melusin, Lieb-Frauen, Polka-Mazur für Klavier, Bozen: Johann Thuille, 1868, Titelblatt, Tiroler Landesmuseum Ferdinandeum Innsbruck, Musiksammlung, M/10314/18, Foto: TLM

Geschäftlicher Ruin und Tod des Vaters

Die Geschäfte scheinen für den Bozner Kunst- und Musikalienhändler nicht mehr gut gelaufen zu sein: 1871 musste er Konkurs anmelden.[14] Das einst blühende Geschäft nahm ein trauriges Ende: Die Konkursmasse wurde an zwei Tagen im September und Oktober 1872 durch „Ausverkauf" liquidiert.[15] Billig verkauft wurden u. a.

14 „Conkurs-Edikt" in: Bozner Zeitung, 29.12.1871, S. 2104.

15 „Kundmachung", in: Bozner Zeitung, 20.8.1872, Beilage Nr. 189.

„Pianofortes, Pianinos, Blechinstrumente, Violinen, musikalische Instrumente aller Art, Musikalien jeder Gattung". Nur kurz nach diesem desaströsen Ende seiner Geschäftsunternehmungen, am 20. Oktober 1872, starb Johann Thuille an „Marasmus" („Entkräftung").[16] Wahrscheinlich hatte ihn sein geschäftlicher Ruin so mitgenommen. Der elfjährige Ludwig wurde damit Vollwaise.

Ludwig Thuille als Gymnasiast im Stift Kremsmünster (Oberösterreich)

Nicht der Tod des Vaters, sondern schon der Konkurs von dessen Geschäft war mit höchster Wahrscheinlichkeit der Grund dafür, dass Ludwig Thuille in die Obhut seines Stiefonkels namens Ackers in Kremsmünster kam. Ackers muss wohl ein Schwager von Johann Thuilles erster Frau gewesen sein – bislang ließen sich keine biografischen Angaben zu ihm finden. Ludwig besuchte im oberösterreichischen Benediktinerstift von 1872 bis 1876 als Externer die ersten vier Gymnasiumsklassen. Als Sängerknabe durfte er diese Schule unentgeltlich besuchen, hatte aber dafür bei den vielen Stiftsgottesdiensten ohne Bezahlung Dienst zu versehen. Der Tiroler war ein guter Schüler; er scheint mehrfach unter den Besten seiner Klasse auf: In der „I. Gymnasialclasse" des Schuljahres 1872/73 nahm er den 18. Platz unter 61 (!) Schülern ein[17], in der „II. Gymnasialclasse" im Schuljahr 1873/74 bereits den 7. Platz von nur mehr 43 Schülern[18]. In der „III.

16 Tiroler Volksblatt, 6.11.1889, S. [6] (Original unpaginiert).

17 Programm des Kaiserl.-Königl. Gymnasiums zu Kremsmünster für das Schuljahr 1872/73, Linz 1873, S. 51.

18 Programm des Kaiserl.-Königl. Gymnasiums zu Kremsmünster für das Schuljahr 1873/74, Linz 1874, S. 52.

Gymnasialclasse“ (Schuljahr 1874/75) scheint er nicht unter den Besten auf[19], wohl aber wieder in der „IV. Gymnasialclasse“ im Schuljahr 1875/76. Sein letztes Jahr in Kremsmünster beendete er als Achtbester von 35 Schülern.[20] In dem musikfreudigen oberösterreichischen Benediktinerkloster fand Thuille ein Umfeld, wo er sein musikalisches Talent einbringen konnte. Über Jahrhunderte war Kremsmünster ein Zentrum intensiver geistlicher, aber auch weltlicher Musikpflege, sogar mit einer intensiven Opernpflege.[21] Namhafte Musiker und Komponisten waren im Stift zu Gast, im Konvent gab es stets musikalisch fähige Patres. Als Thuille 1872 nach Kremsmünster kam, war Maximilian Kerschbaum (1805–1874) als Regens chori und Musikdirektor tätig.[22] Dieses Amt hatte er schon seit 1847 inne. Kerschbaum lud Anton Bruckner schon in seinem ersten Jahr als Kremsmünsterer Musikdirektor ein, das Requiem in d-Moll im Stift zur Aufführung zu bringen, und ermöglichte damit die erste größere öffentliche Produktion eines Werkes des großen oberösterreichischen Komponisten. Ludwig Thuille sang im Stiftschor zunächst unter der Leitung Kerschbaums und dann unter seinem Nachfolger P. Georg Huemer (1837–1908).[23] Violinunterricht erteilte ihm Josef Leitenmayr (1828–1902), der als Abteisekretär und Stiftsmusiker (zunächst ab 1869 Fagottist, dann auch erster Geiger, Dirigent des wöchentlichen Konventamtes,

19 Programm des Kaiserl.-Königl. Gymnasiums zu Kremsmünster für das Schuljahr 1874/75, Linz 1875, S. 43.

20 Programm des Kaiserl.-Königl. Gymnasiums zu Kremsmünster für das Schuljahr 1875/76, Linz 1875, S. 67.

21 Vgl. Altman Kellner, Musikgeschichte des Stiftes Kremsmünster, nach den Quellen dargestellt, Kassel etc., 1956.

22 Zu Max(imilian) Kerschbaum siehe Altman Kellner, Musikgeschichte des Stiftes Kremsmünster, nach den Quellen dargestellt, Kassel etc., 1956, S. 668–677.

23 Zu P. Georg Huemer siehe Altman Kellner, Musikgeschichte des Stiftes Kremsmünster, nach den Quellen dargestellt, Kassel etc., 1956, S. 718–725.

Violinlehrer und schließlich ab 1888 Stiftsorganist) tätig war.[24] Alfons Ott erwähnt als weiteren Lehrer Thuilles in Kremsmünster den „guten Klavierspieler Karl Teutschmann".[25] Er kommt bei Altman Kellner in seiner Kremsmünsterer Musikgeschichte nicht vor. Friedrich Munter überliefert in seiner frühen Thuille-Biografie eine Beschreibung des Gymnasiasten Thuille durch die Jugendfreundin Rose Ackers, die Tochter seines Stiefonkels:

> *Er war ein stiller, träumerischer Junge, der gern vor sich hinstarrte. Trotzdem war er kein Spielverderber und machte gern lose Streiche mit […]. Seine Musik liebte Thuille über alles […] die Lust zum Komponieren zeigte sich sehr bald. Mitten im Unterricht, auf Spaziergängen, selbst in der Kirche ließen ihn die Geister, die er gerufen, nicht los …*[26]

Kremsmünster war ohne Zweifel ein vielfältig inspirierender Ort für einen musikalisch hochbegabten Knaben. Bald strebte Ludwig Thuille eine professionelle musikalische Ausbildung an.

24 Zu Josef Leitenmayr siehe Altman Kellner, Musikgeschichte des Stiftes Kremsmünster, nach den Quellen dargestellt, Kassel etc., 1956, S. 744.

25 Alfons Ott (Hrsg.), Richard Strauss und Ludwig Thuille: Briefe der Freundschaft 1877–1907, München 1969, S. 225.

26 Friedrich Munter, Ludwig Thuille. Ein erster Versuch (Zeitgenössische Komponisten. Eine Sammlung, herausgegeben von Hermann Wolfgang v. Waltershausen, Band VIII), München 1923, S. 15.

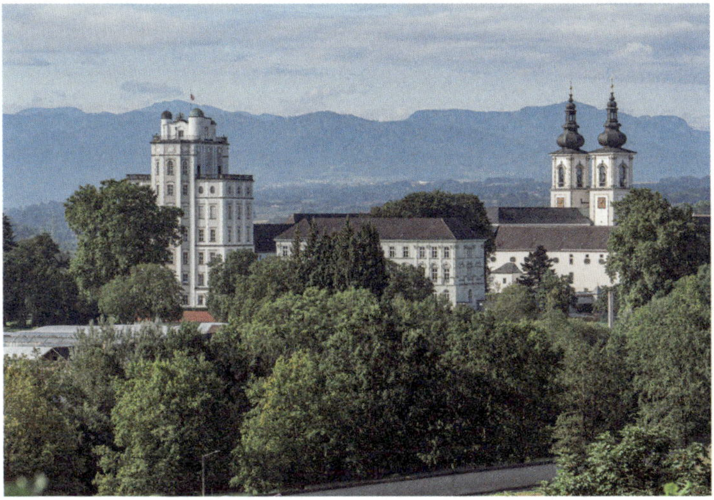

Stift Kremsmünster von Nordosten, Quelle: Wikimedia Commons

Bekanntschaft mit Pauline Nagiller – Musikausbildung in Innsbruck

Die Sommerferien verbrachte Thuille schon als Kind und auch während seiner Kremsmünsterer Gymnasialzeit alljährlich bei Verwandten in Klobenstein am Ritten über Bozen. Dort lernte er 1876 Pauline Nagiller geb. Cruse (1832–1881) kennen. Sie war die kinderlose Witwe des hier schon genannten Innsbrucker Musikdirektors und Komponisten Matthäus Nagiller. Sie stammte als Tochter eines Hamburger Gewürzhändlers aus besonders begütertem Haus. Pauline sah in Ludwig wohl den Sohn, den sie nie hatte, und freute sich über das außergewöhnliche musikalische Talent des Vollwaisen. Vielleicht hatte sie die Familie Thuille schon länger gekannt, denn ihr verstorbener Gatte hatte ja in Bozen als Musikvereinskapellmeister gewirkt und bei Johann Thuille eigene Werke erscheinen lassen. Dank Pauline

Nagillers großzügiger Förderung konnte Ludwig Thuille ab 1876 bei Josef Pembaur (1848–1874) in der Schule des Innsbrucker Musikvereines eine musikalische Ausbildung in Klavier, Orgel und Musiktheorie absolvieren. Zugleich besuchte er das k. k. Akademische Staatsgymnasium, das heutige Akademische Gymnasium. In seiner Innsbrucker Zeit wohnte er im Haus der Familie Marchesani. Marie Marchesani geb. Thuille (1843–1931) war seine um 18 Jahre ältere Halbschwester aus der ersten Ehe seines Vaters. Ihr Ehemann Dr. jur. Adalbert Marchesani (1828–1883) stammte ebenfalls aus Bozen. Er war in Neumarkt im Bozner Unterland[27] als Advokat tätig.

Thuilles Innsbrucker Lehrer Josef Pembaur war ein exzellenter Pädagoge und ein vielseitiger, bestens geschulter Musiker. Der gebürtige Innsbrucker hatte in Wien und in München bei bedeutenden Lehrern studiert. In Wien war Wilhelm Schenner (1839–1913) sein Klavierlehrer, Laurenz Weiss (1810–1888) war für die Unterweisung im Chorgesang verantwortlich. Anton Bruckner (1824–1896) schließlich war sein Lehrer in Orgel und Kontrapunkt; Pembaur fand allerdings keinen Zugang zum Menschen Bruckner und entschied sich nach einem Jahr in Wien, nach München zu wechseln.[28] In der bayerischen Metropole kam Pembaur unter die Fittiche des nur neun Jahre älteren Professors Josef Gabriel Rheinberger (1839–1901). Der gebürtige

27 Nicht, wie im Artikel „Thuille, Ludwig Wilhelm Andrae" in der „Neuen Deutschen Biographie" fälschlich angegeben, in Neumarkt in der Oberpfalz. Der Artikel ist online zu finden unter https://www.deutsche-biographie.de/sfz10919.html#ndbcontent, Zugriff 16.6.2024.

28 Vgl. Franz Gratl, „Josef Pembaur über Anton Bruckner", in: Grenzüberschreitungen. Musik im interdisziplinären Diskurs, Festschrift für Tilman Seebass zum 75. Geburtstag, herausgegeben von Raymond Ammann, Federico Celestini und Lukas Christensen, Innsbruck 2014, S. 157–166, sowie „Die Münchner Jahre Josef Pembaurs des Älteren im Spiegel seiner Autobiografie", in: Ausstellungskatalog Tirol – München. Begegnungen von 1880 bis heute, Tiroler Landesmuseum Ferdinandeum, 11. April – 24. August 2014, herausgegeben von Wolfgang Meighörner, Innsbruck 2014, S. 22–25.

Der Innsbrucker Musikdirektor Josef Pembaur, Porträtfotografie aus dem Nachlass Pembaur Tiroler Landesmuseum Ferdinandeum Innsbruck, Musiksammlung, ohne Signatur, Foto: TLM

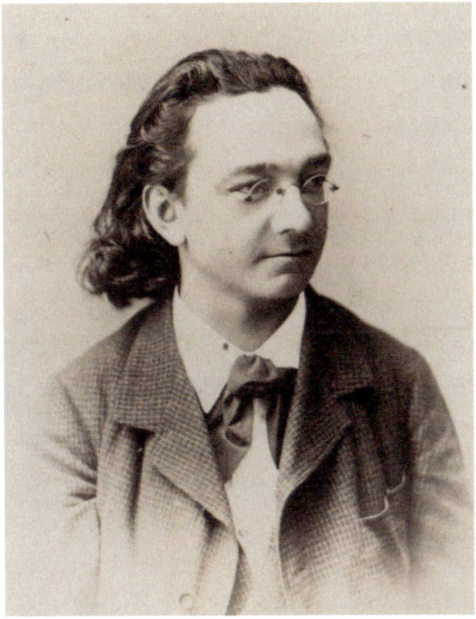

Liechtensteiner vermittelte dem jungen Tiroler eine gründliche Ausbildung in Orgel, Komposition, Harmonielehre und Kontrapunkt, die in den Methoden modern, in der Ausrichtung aber konservativ und an den „alten Meistern“ von Bach über Mozart bis Beethoven orientiert war. Die Ausbildung in Chorgesang und Chorleitung oblag dem Hofkapellmeister Franz Wüllner (1832–1902), der vor allem dadurch Berühmtheit erlangte, dass er Teile des „Rings des Nibelungen“ von Richard Wagner in München mit großem Erfolg, aber ohne die Erlaubnis des Meisters zur Uraufführung brachte. Im Sologesang wurde Pembaur von Julius Hey (1832–1909) unterrichtet, der als Gesangspädagoge und Verfasser von Lehrwerken Berühmtheit erlangte und dessen Methoden noch bis in die zweite Hälfte des 20. Jahrhunderts angewendet wurden. Mit nur 26 Jahren wurde Pembaur 1874 unmittelbar nach Abschluss seiner Münchner Studien als Direktor des Musikvereins in der Nachfolge Matthäus Nagillers nach Innsbruck berufen. Er reformierte und professionalisierte die Musikausbildung an der Schule des Innsbrucker Musikvereins. Während seiner fast 45 Jahre währenden Tätigkeit als Innsbrucker Musikvereinsdirektor entfaltete er eine umfassende Tätigkeit als Pädagoge, Pianist, Dirigent, Chorleiter, Komponist und umtriebiger Organisator.[29] Damit drückte er dem Musikleben in der Tiroler Landeshauptstadt für Jahrzehnte seinen Stempel auf. Auch Familie Strauss aus München kehrte immer wieder bei der Familie Pembaur in Innsbruck ein, wie sich Johanna Strauss später erinnerte. Josef Pembaur erkannte und förderte das außergewöhnliche musikalische Talent des jungen Ludwig Thuille. Anlässlich von Thuilles plötzlichem Tod verfasste Pembaur einen Nachruf, in welchem er diese Wertschätzung für den jüngeren Musiker und einstigen Schüler mehrfach zum Ausdruck bringt. Aus den erhaltenen Konzertprogrammen des Innsbrucker Musikvereins lässt sich erschließen, dass Thuille regelmäßig bei Schülerkonzerten als Solist auftrat.

Pembaur selbst fasst seine Erinnerungen an den Schüler in seinem bereits zitierten Nachruf in sehr persönliche, Wertschätzung ausdrückende Worte, nicht ohne seine eigenen Verdienste in ein günstiges Licht zu stellen:

> *Die Musikschule des Musikvereines in Innsbruck hat sich als erste und einzige Kulturstätte der Tonkunst Tirols erwiesen, indem fast alle nahmhaften [!] schaffenden und ausübenden Musiker des Vaterlandes diesem gemeinnützigen Institute ihre erste und meistens maßgebende Bildung verdanken. Auch Ludwig Thuille studierte hier Harmonielehre, Kontrapunkt, Orgel und Klavierspiel und erfreute*

29 Die Tiroler Landesmuseen widmeten Josef Pembaur zu seinem 100. Todestag 2023 eine Ausstellung im Stadtmuseum Innsbruck („Pembaur – wer?", 1. Juni bis 26. Oktober 2023, kuratiert von Franz Gratl und Andreas Holzmann).

seinen Lehrer Musikdirektor Josef Pembaur am Schlusse der dreijährigen Studien mit einer viersätzigen Klaviersonate in A-Dur, mit der bezeichnenden Widmung: „Seinem hochverehrten Lehrer in inniger Dankbarkeit zugeeignet." Schon im zweiten Jahre zeigte Thuille in den Prüfungskonzerten der Schule bewundernswerte Proben seines seltenen Talentes und übernahm als praktischer Organist in der Servitenkirche und bei den akademischen Messen das Orgelspiel.[30]

Hier erwähnt Pembaur Thuilles Organistentätigkeit bei den Serviten, also an einer der bedeutendsten Klosterkirchen im Herzen Innsbrucks, und bei den sogenannten „Akademischen Gottesdiensten" in der Universitäts- und Jesuitenkirche, bei denen Studierende und Lehrkörper der Universität verpflichtend teilnehmen mussten. Seit seiner Gründung oblag die musikalische Gestaltung dieser Gottesdienste dem Musikverein und die Schüler dieser Anstalt hatten unentgeltlich mitzuwirken.[31] Es ist auch angesichts dieser Tätigkeit im kirchlichen Umfeld sehr erstaunlich, dass es von Ludwig Thuille kein einziges kirchenmusikalisches Werk gibt – auch seine Orgelsonate ist ein konzertantes Stück, das nicht für den liturgischen Gebrauch bestimmt war. Offenbar wandte Thuille sich im Verlauf seines Lebens – in auffälliger Parallele zu Richard Strauss – zunehmend von seinen katholischen Wurzeln und der kirchlichen Bindung ab.

Pembaur erwähnt weiters Thuilles Mitwirkung an den Prüfungskonzerten des Musikvereins. Es folgt hier eine kurze Auflistung dieser Auftritte, basierend auf den im Tiroler Landesmuseum

30 J[osef] P[embaur], Ludwig Thuille [Nachruf], in: XXXI. Jahresbericht 1906–1907 des Musikvereines Innsbruck, Innsbruck: Selbstverlag des Musikvereins, 1907, S. 48–51, hier S. 49/50.

31 Siehe dazu Franz Gratl, „Der Innsbrucker Musikverein als Träger der Kirchenmusikpflege in der Universitäts- und Jesuitenkirche", in: Wissenschaftliches Jahrbuch der Tiroler Landesmuseen 2020, S. 256–263.

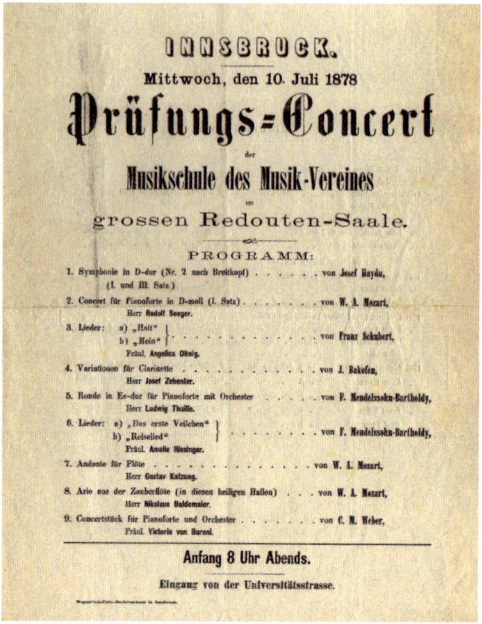

INNSBRUCK.

Mittwoch, den 10. Juli 1878

Prüfungs-Concert

der

Musikschule des Musik-Vereines

im

grossen Redouten-Saale.

PROGRAMM:

1. Symphonie in D-dur (Nr. 2 nach Breitkopf) . . . . von Josef Haydn, (I. und III. Satz.)
2. Concert für Pianoforte in D-moll (I. Satz) . . . . von W. A. Mozart. Herr Rudolf Seeger.
3. Lieder: a) „Halt" b) „Mein" . . . . von Franz Schubert, Fräul. Angelica Dönig.
4. Variationen für Clarinette . . . . von J. Bakofen, Herr Josef Zehenter.
5. Rondo in Es-dur für Pianoforte mit Orchester . . . . . von F. Mendelssohn-Bartholdy, Herr Ludwig Thuille.
6. Lieder: a) „Das erste Veilchen" b) „Reiselied" . . . . von F. Mendelssohn-Bartholdy, Fräul. Amalie Rissinger.
7. Andante für Flöte . . . . von W. A. Mozart, Herr Gustav Katzung.
8. Arie aus der Zauberflöte (in diesen heiligen Hallen) . . . von W. A. Mozart, Herr Nikolaus Baldemaier.
9. Concertstück für Pianoforte und Orchester . . . . von C. M. Weber, Fräul. Victoria von Baroni.

Anfang 8 Uhr Abends.

Eingang von der Universitätsstrasse.

Programmzettel zum Prüfungskonzert des Innsbrucker Musikvereines am 10. Juli 1878, Tiroler Landesmuseum Ferdinandeum Innsbruck, Musiksammlung, KP 179, Foto: TLM

Ferdinandeum (Bibliothek und Musiksammlung) erhaltenen Konzertprogrammen, die im Rahmen eines Digitalisierungsprojektes erfasst und erschlossen wurden.

Bei einem „Prüfungs-Concert" des Innsbrucker Musikvereins am 10. Juli 1878 im „grossen Redouten-Saale" spielte der Musikvereinsschüler Ludwig Thuille Felix Mendelssohn Bartholdys „Rondo in Es-Dur für Pianoforte und Orchester", also das virtuose „Rondo brillant", op. 29. Thuille muss mit seinen 17 Jahren bereits ein exzellenter Pianist gewesen sein, sonst hätte er den technisch wie musikalisch anspruchsvollen Solopart dieses Werkes nicht bewältigen können. Am 17. Dezember desselben Jahres interpretierte Thuille im „II. Abonnement-Concert des Musik-Vereines" unter Josef Pembaurs Leitung

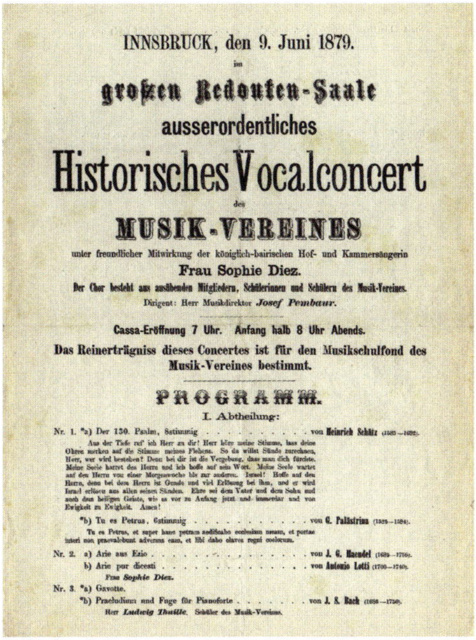

INNSBRUCK, den 9. Juni 1879.

im

großen Redouten-Saale

ausserordentliches

Historisches Vocalconcert

des

MUSIK-VEREINES

unter freundlicher Mitwirkung der königlich-bairischen Hof- und Kammersängerin

Frau Sophie Diez.

Der Chor besteht aus ausübenden Mitgliedern, Schülerinnen und Schülern des Musik-Vereines.

Dirigent: Herr Musikdirektor *Josef Pembaur.*

Cassa-Eröffnung 7 Uhr. Anfang halb 8 Uhr Abends.

Das Reinerträgniss dieses Concertes ist für den Musikschulfond des Musik-Vereines bestimmt.

PROGRAMM.

I. Abtheilung:

Nr. 1. *a) Der 130. Psalm, 8stimmig . . . . von **Heinrich Schütz** (1585–1672).

Aus der Tiefe ruf' ich Herr zu dir! Herr höre meine Stimme, lass deine Ohren merken auf die Stimme meines Flehens. So du willst Sünde zurechnen, Herr, wer wird bestehen? Denn bei dir ist die Vergebung, dass man dich fürchte. Meine Seele harret des Herrn und ich hoffe auf sein Wort. Meine Seele wartet auf den Herrn von einer Morgenwache bis zur anderen. Israel! Hoffe auf den Herrn, denn bei dem Herrn ist Gnade und viel Erlösung bei ihm, und er wird Israel erlösen aus allen seinen Sünden. Ehre sei dem Vater und dem Sohn und auch dem heiligen Geiste, wie es vor zu Anfang jetzt und immerdar und von Ewigkeit zu Ewigkeit. Amen!

*b) Tu es Petrus, 6stimmig . . . . von **G. Palästrina** (1526–1594).

Tu es Petrus, et super hanc petram aedificabo ecclesiam meam, et portae inferi non praevalebunt adversus eam, et tibi dabo claves regni coelorum.

Nr. 2. a) Arie aus Ezio . . . . von **J. G. Haendel** (1685–1759).

b) Arie pur dicesti . . . . von **Antonio Lotti** (1700–1740).

Frau *Sophie Diez.*

Nr. 3. *a) Gavotte.

*b) Praeludium und Fuge für Pianoforte . . . . von **J. S. Bach** (1685–1750).

Herr *Ludwig Thuille.* Schüler des Musik-Vereines.

Programmzettel zum Konzert des Innsbrucker Musikvereines am 9. Juni 1879, Tiroler Landesmuseum Ferdinandeum Innsbruck, Musiksammlung, KP 204, Foto: TLM

Chopins Nocturne in fis-Moll, die Novellette in F-Dur op. 21 von Robert Schumann und das 3. Klavierkonzert in c-Moll von Ludwig van Beethoven. Der Schüler muss sich also bereits im zweiten Jahr seiner Ausbildung als so fähig erwiesen haben, dass er für würdig befunden wurde, bei einem regulären Musikvereinskonzert als Solist aufzutreten. Die Kunst- und Musikalienhandlung Johann Groß (respektive deren Eigentümer Simon Alfons Reiss) stellte für dieses Konzert übrigens einen Flügel von Ernst Kaps aus Dresden zur Verfügung.

Bei einem „außerordentlichen Historischen Vocalconcert“ des Innsbrucker Musikvereines am 9. Juni 1879 spielte Thuille Klavierwerke von Johann Sebastian Bach, eine Gavotte sowie ein Präludium mit Fuge (letzteres Werkpaar wohl aus dem Wohltemperierten Clavier).

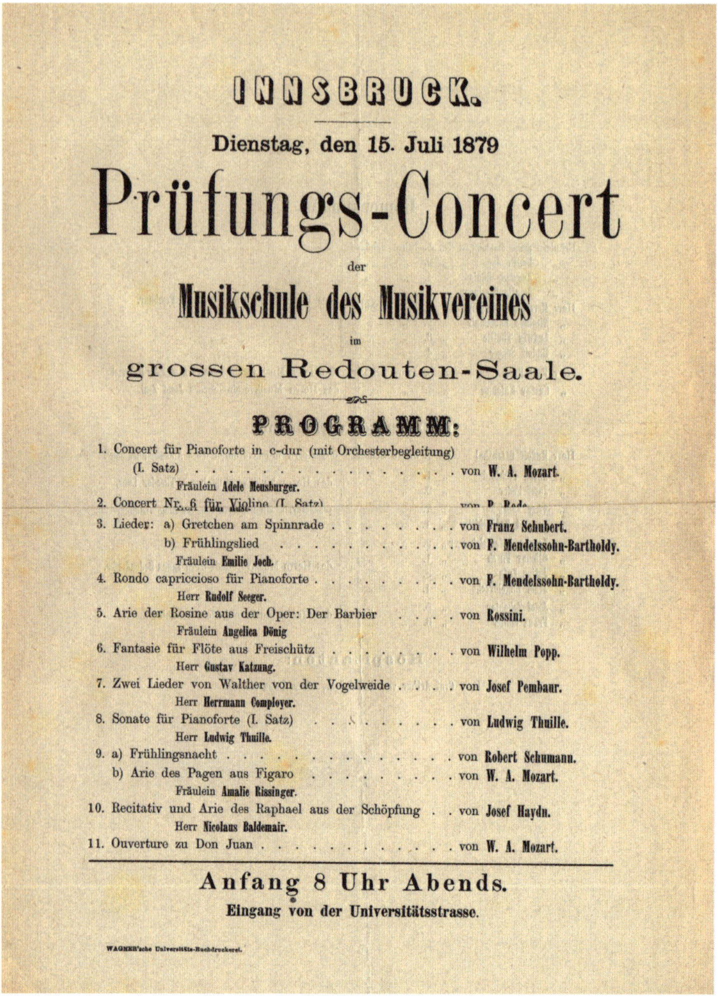

INNSBRUCK.

Dienstag, den 15. Juli 1879

Prüfungs-Concert

der

Musikschule des Musikvereines

im

grossen Redouten-Saale.

PROGRAMM:

1. Concert für Pianoforte in c-dur (mit Orchesterbegleitung) (I. Satz) . . . . von **W. A. Mozart.**
   Fräulein **Adele Meusburger.**
2. Concert Nr. 6 für Violine (I. Satz) . . . . von **P. Rode.**
3. Lieder: a) Gretchen am Spinnrade . . . . von **Franz Schubert.**
   b) Frühlingslied . . . . von **F. Mendelssohn-Bartholdy.**
   Fräulein **Emilie Joch.**
4. Rondo capriccioso für Pianoforte . . . . von **F. Mendelssohn-Bartholdy.**
   Herr **Rudolf Seeger.**
5. Arie der Rosine aus der Oper: Der Barbier . . . . von **Rossini.**
   Fräulein **Angelica Dönig**
6. Fantasie für Flöte aus Freischütz . . . . von **Wilhelm Popp.**
   Herr **Gustav Katzung.**
7. Zwei Lieder von Walther von der Vogelweide . . . . von **Josef Pembaur.**
   Herr **Herrmann Comployer.**
8. Sonate für Pianoforte (I. Satz) . . . . von **Ludwig Thuille.**
   Herr **Ludwig Thuille.**
9. a) Frühlingsnacht . . . . von **Robert Schumann.**
   b) Arie des Pagen aus Figaro . . . . von **W. A. Mozart.**
   Fräulein **Amalie Rissinger.**
10. Recitativ und Arie des Raphael aus der Schöpfung . . von **Josef Haydn.**
    Herr **Nicolaus Baldemair.**
11. Ouverture zu Don Juan . . . . von **W. A. Mozart.**

Anfang 8 Uhr Abends.

Eingang von der Universitätsstrasse.

WAGNER'sche Universitäts-Buchdruckerei.

Programmzettel zum Prüfungskonzert des Innsbrucker Musikvereines am 15. Juli 1879, Tiroler Landesmuseum Ferdinandeum Innsbruck, Musiksammlung, KP 179, Foto: TLM

Die neuartige Konzertform mit (natürlich nicht im Sinne einer historischen Aufführungspraxis interpretierter) „Alter Musik" in Kombination mit aktuellem Repertoire geht auf Josef Pembaur zurück, der die Anregung dazu wahrscheinlich in München erhielt, wo im Umkreis Josef Gabriel Rheinbergers, Franz Lachners und Franz Wüllners viel „historische" Musik gepflegt wurde; neben den Kompositionen von Bach standen in Innsbruck im Juni 1879 u. a. Werke von Heinrich Schütz, Giovanni Pierluigi da Palestrina, Antonio Lotti und Georg Friedrich Händel auf dem Programm.

Das „Prüfungs-Concert" des Innsbrucker Musikvereins am 15. Juli 1879 ist insofern bemerkenswert, als erstmals eine Komposition Ludwig Thuilles öffentlich erklang: Er spielte den ersten Satz aus einer nicht erhaltenen Klaviersonate aus seiner Feder. Bei einem weiteren „Historischen Vocalconcert" des Innsbrucker Musikvereins am 4. Mai 1880 spannte Josef Pembaur einen programmatischen Bogen von Orlando di Lasso, Thomas Morley, Heinrich Schütz, Georg Friedrich Händel, Carl Heinrich Graun und Joseph Haydn im ersten Teil hin zu Robert Schumann, Max Zenger, Robert Franz, Giovanni Battista Viotti, Josef Gabriel Rheinberger, Johannes Brahms und Franz Lachner im zweiten Teil. In diesen zweiten Teil mit aktuelleren und aktuellsten Werken integrierte Pembaur zwei Lieder aus seiner Feder („Zu Abschied" und „O bleib bei mir"[32]) und ein Chorwerk seines Meisterschülers Ludwig Thuille („Zwiegesang" auf einen Text von Robert Reinick, den übrigens auch Matthäus Nagiller vertont hatte), der seine Innsbrucker Studien und die Matura am Akademischen Gymnasium damals schon hinter sich hatte. Bei seinem nächsten Auftritt im Rahmen eines Innsbrucker Musikvereinskonzertes im Juni

32 Beide Lieder sind auf der CD „Frühling und Liebe. Josef Pembaur: Lieder" zu hören (CD musikmuseum 9, Innsbruck: Tiroler Landesmuseen, 2011, Interpretinnen: Maria Erlacher, Sopran, und Annette Seiler, Klavier).

wurde der junge Solist als „Ludwig Thuille aus München" angekündigt. Er hatte seine Studien in Innsbruck bei Pembaur mit Ende des Schuljahres 1878/79 mit glänzendem Erfolg abgeschlossen. Josef Pembaur attestierte ihm ein „ganz besonders hervorragendes Talent" und knüpfte die Kontakte nach München zu Josef Gabriel Rheinberger. Auch die Förderin Pauline Nagiller nutzte ihre engmaschigen Münchner Netzwerke, um ihrem Protegé den Weg nach München zu ebnen. Eine zusätzliche Motivation für die Fortsetzung seiner Studien in München war für Thuille sicherlich der Umstand, dass er schon seit 1877 mit dem drei Jahre jüngeren Richard Strauss freundschaftlichen Umgang pflegte. Außerdem war dem aufstrebenden „hervorragenden Talent" bewusst, dass es für ihn in Innsbruck nichts mehr zu lernen gab. Josef Pembaur hatte eine solide Grundlage für weitere Studien geschaffen, aber nun galt es für Thuille, die große musikalische Welt zu erobern. Die provinzielle Enge Innsbrucks war dafür wenig geeignet, das pulsierende München taugte weit besser als Sprungbrett und sollte der Dreh- und Angelpunkt für Thuilles Wirken und Schaffen werden.

Die „höheren Weihen": Musikausbildung an der königlichen Musikschule in München

An der Münchner königlichen Musikschule war Pembaurs Lehrer Rheinberger weiterhin die unangefochtene Autorität. Bei ihm lernte nun auch Thuille Orgel und Theorie, u. a. Harmonielehre und Kontrapunkt. Für Rheinberger war die Vermittlung des handwerklichen Rüstzeugs zentral und der an Bach orientierte strenge Satz wurde in München konsequent vermittelt. In Thuilles Freundeskreis hatte Rheinberger daher den Spitznamen „Fugen-Seppl". Diese ironische

Bezugnahme auf die Kontrapunkt-Manie des Lehrers ändert aber nichts daran, dass Thuille seinem Lehrer Rheinberger zeitlebens Wertschätzung entgegenbrachte und mit ihm und seiner Frau, der Dichterin Fanny von Hoffnaass (1831–1892), freundschaftlichen Umgang pflegte. Friedrich Munter überliefert eine Briefstelle mit einem Urteil Thuilles über den Lehrer:

> *Der Unterricht Rheinbergers ist technisch betrachtet sehr gut, aber mehr als ein guter Schulmeister ist er nicht ... Jedenfalls bin ich aber sehr zufrieden und glaube kaum, daß man irgendwo anders mehr lernen könnte. Hüten werde ich mich jedoch, ihm all und jede Komposition von mir zu zeigen ...*[33]

Diese Passage bezeugt eine grundsätzlich wertschätzende, aber differenzierte Haltung des Schülers seinem Lehrer gegenüber: Thuilles Anerkennung galt vor allem dem Pädagogen, nicht so sehr dem Komponisten und Kompositionslehrer. Der Wechsel von Pembaur in Innsbruck zu Rheinberger in München fiel Thuille sicher leicht, denn diese beiden Pädagogen und Musiker teilten eine „klassizistische", eher konservative Grundhaltung, jeweils gepaart mit einer grundsätzlichen Offenheit für neuere, nicht damit konform gehende Strömungen.

Es war die Zeit der heftigen Richtungskämpfe zwischen den Traditionalisten, die sich an den Klassikern Mozart und Beethoven, aber auch an Bach orientierten und die sich in Wien zum Beispiel um Johannes Brahms, in München um Franz Lachner und Josef Gabriel Rheinberger

33 Brief Ludwig Thuilles an Pauline Nagiller, Datum unbekannt, hier zitiert nach: Friedrich Munter, Ludwig Thuille. Ein erster Versuch (Zeitgenössische Komponisten. Eine Sammlung, herausgegeben von Hermann Wolfgang v. Waltershausen, Band VIII), München 1923, S. 20.

scharten, und den „Neudeutschen“, deren Idole Hector Berlioz, Franz Liszt und Richard Wagner waren. Wie Pembaur und Rheinberger lehnte der junge Thuille Wagner keineswegs grundsätzlich ab, in seinen eigenen Kompositionen ging er aber eher von anderen Vorbildern aus, etwa dem von ihm außergewöhnlich hoch geschätzten Robert Schumann. Später sollten sowohl Richard Strauss als auch Ludwig Thuille unter dem Einfluss ihres Freundes Alexander Ritter ins Lager der Neudeutschen wechseln, aber bis dahin war es noch ein langer Weg. Über die ästhetischen Ansichten von Thuille und Strauss wissen wir vor allem aufgrund ihres wechselseitig höchst anregenden Austauschs in Briefen ab 1878 bestens Bescheid. Diese Briefe wie auch die Freundschaft zwischen den beiden Komponisten werden in einem eigenen Kapitel dieses Buches ausführlich behandelt.

Im Fach Klavier wurde Thuille von Karl Baermann (1839–1913) unterrichtet. Er war der Sohn des berühmten Klarinetten- und Bassetthornvirtuosen, dessen Name sich von dem seines Sohnes einzig durch die Schreibweise des Vornamens unterschied – Baermann sen. schrieb sich stets „Carl“ Baermann jun. war ein Schüler von Franz Lachner (1803–1890), der als Hofkapellmeister viele Jahre Münchens Musikleben wesentlich prägte, und dem Dichterkomponisten Peter Cornelius (1824–1874), zu dessen Freundeskreis auch der Innsbrucker Musikdirektor Josef Pembaur zählte. Etwas später schloss Karl Baermann auch Freundschaft mit dem großen Franz Liszt (1811–1886) und wurde einige Zeit dessen Schüler. 1881 wanderte er nach Amerika aus und ließ sich in Boston nieder, wo er wieder als Klavierlehrer tätig war. Baermanns Emigration fällt genau in Thuilles Münchner Ausbildungszeit (1879–1882). In diesen Jahren war der bedeutende Dirigent Hermann Levi (1839–1900) Leiter des Münchner Hoforchesters (seit 1872). Dessen Dirigate von Werken Beethovens und Wagners beeindruckten Thuille sehr (Wagners Werke damals noch weniger).

Der junge Tiroler profitierte weiter von der großzügigen Förderung Pauline Nagillers, die ihm das Münchner Studium ermöglichte, indem sie für seinen Lebensunterhalt aufkam. Die Familie seines Freundes Richard Strauss nahm ihn in diesen Jahren ebenfalls unter ihre Fittiche. So intensiv wie in diesen zwei Jahren war der Kontakt der beiden jugendlich ambitionierten Künstlerfreunde später nie mehr. Diese Freundschaft wird in diesem Buch noch ausführlich behandelt. Pauline Nagiller spielte in Hinblick auf die Freundschaft der beiden hochtalentierten Jugendlichen eine etwas zwielichtige Rolle. In ihrer Eifersucht lässt sie keine Gelegenheit aus, Richard, den vermeintlichen Konkurrenten ihres Lieblings, in ihren Briefen Ludwig gegenüber herabzusetzen. Sie hält Ludwig Thuille für genial, will aber das Genie von Richard Strauss partout nicht gelten lassen.

Ein gewichtiges Opus 1

Seit vielen Jahren betätigte sich Ludwig Thuille als Komponist, noch aber war kein Werk aus seiner Feder durch eine Druckausgabe der breiteren Öffentlichkeit zugänglich. Es brauchte die Ermutigung seines Lehrers Josef Gabriel Rheinberger, dass sich der 19-Jährige 1880 dazu entschließen konnte, seine erste Violinsonate in d-Moll beim Münchner Verlag von Josef Aibl erscheinen zu lassen.[34] Diese Sonate ist ein erstaunliches Opus 1. Die Meisterschaft, die sich in dieser viersätzigen Violinsonate offenbart, demonstriert nachdrücklich, dass diesem ersten veröffentlichten Stück mit Sicherheit viele weitere

34 Eine CD-Aufnahme der zwei Violinsonaten Ludwig Thuilles erschien beim Label musikmuseum der Tiroler Landesmuseen: Ludwig Thuille, Sonaten für Violine und Klavier, CD musikmuseum 27, Tiroler Landesmuseen 2016, Interpretinnen: Elisabeth Eibensteiner (Violine), Marlies Nussbaumer (Klavier).

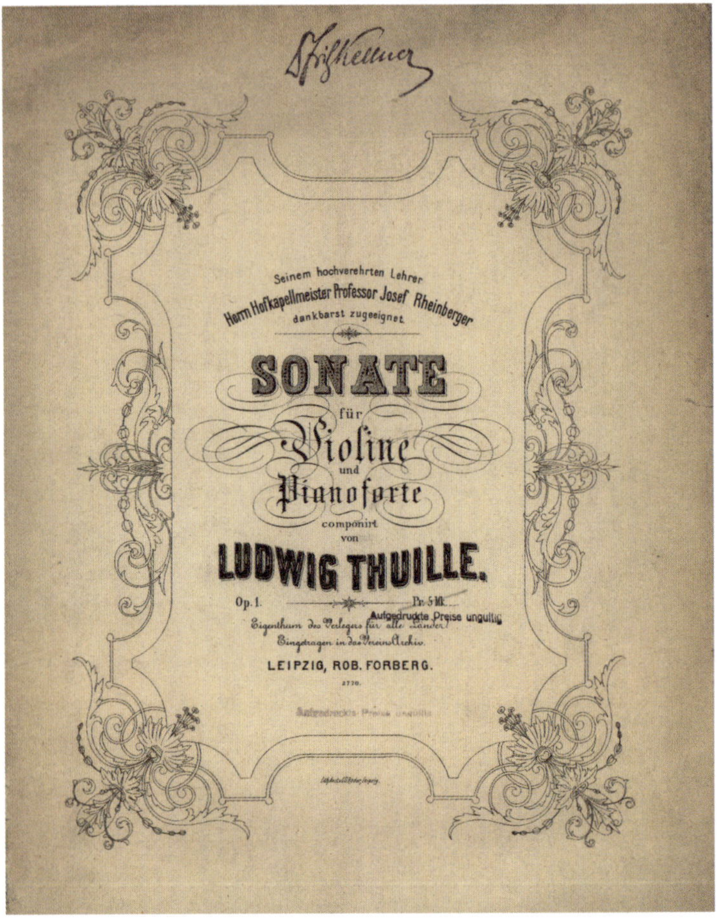

Ludwig Thuille, Sonate für Violine und Klavier in d-Moll, op. 1, München: Josef Aibl, 1880, Titelblatt, Archiv des Innsbrucker Musikvereins (Depositum in: Tiroler Landesmuseum Ferdinandeum Innsbruck, Musiksammlung), Ik 7365, Foto: TLM

vorausgingen. Der Druck ist mit einer Widmung versehen: „Seinem hochverehrten Lehrer Herrn Hofkapellmeister Professor Josef Rheinberger dankbarst zugeeignet." Sicher hatte der strenge Meister seine Freude mit dem Werk des Schülers, denn aus der d-Moll-Sonate spricht eine souveräne Beherrschung des musikalischen Handwerks.

Stilistisch lehnt sich Thuille an sein damaliges Idol Schumann an, findet aber eine eigenständige Tonsprache mit reicher Harmonik und ideenreicher Themenbehandlung. Das Werk wurde bei dem bereits erwähnten Innsbrucker Musikvereinskonzert am 17. Mai 1881 mit dem Komponisten am Klavier und dem Innsbrucker Konzertmeister Karl Berzon (1842–?) auf der Violine uraufgeführt.[35] Im „Innsbrucker Tagblatt" erschien zwei Tage später eine begeisterte Konzertbesprechung, in der u. a. Folgendes zu lesen war:

> *Unser Landsmann Ludwig Thuille debütierte mit Herrn Konzertmeister K. Berzon mit einer Sonate für Klavier und Violine. Dieses Opus 1 mit vier knappen Sätzen legt unleugbar das sprechendste Zeugnis ab von der ausgezeichneten Musikbegabung des noch sehr jungen Autors und hat auch anderwärts die gebührende Anerkennung erhalten, was umso rühmenswerter ist, als es keine Kleinigkeit ist, derzeit mit einer Sonate sich in die musikalische Welt einzuführen. Dieses gedigene Streben wurde auch seitens des Publikums durch den gespendeten reichlichen Applaus vollends anerkannt.*[36]

Weniger Freude mit der Sonate als das Innsbrucker Publikum hatte ein Rezensent des in Leipzig erscheinenden „Musikalischen Wochenblattes":

35 Herbert Rosendorfers Annahme, dass die Aufführung von Thuilles Klavierkonzert mit dem Komponisten am Soloinstrument zum Studienabschluss 1882 in München die „wohl erste öffentliche Aufführung eines Werkes von Thuille war", ist somit unrichtig (siehe Herbert Rosendorfer, „Ludwig Thuille – Leben und Werk", in: Komponisten in Bayern, Band 16: Ludwig Thuille, Tutzing 1993, S. 22). Die Aufführung der Violinsonate 1881 in Innsbruck war bereits die zweite öffentliche Produktion eines Werkes des jungen Komponisten, die erste fand wie erwähnt bereits am 15. Juli 1879 statt, als Ludwig Thuille in einem Prüfungskonzert des Innsbrucker Musikvereins einen Satz aus einer eigenen Klaviersonate präsentierte.

36 Innsbrucker Tagblatt, 19.5.1881, ohne Seitenangabe.

> *Nach der Beschäftigung mit dem hier genannten Op. 1 sahen sich der Schreiber dieser Zeilen und sein Partner an der Violine in die Nothwendigkeit versetzt, nach einem frischen und fröhlichen Stück vom Vater Haydn zu verlangen – so sehr hatte die neue Duo-Sonate die Stimmung der Spieler gewissermaßen verbittert und grämlich gemacht. Der Verfasser dieses Op. 1 hat offenbar ganz ernstliche Studien gemacht, und reelle Kenntnisse ihm abzusprechen, sind wir weit entfernt, aber er ist nicht im Stande, über den geringfügigsten Gegenstand mit einfachen Worten zu reden, sich ohne Umschweife auszudrücken. Es kommt Alles so umständlich, mit so gesuchten Manieren, so überschwänglichen Redensarten heraus, dass einem bald die Lust zum Beobachten seiner Arbeit vergeht. Der junge Tonsetzer sollte vor allen Dingen lernen, seine kleinen und bescheidenen Gedanken ihrem Gehalte entsprechend einzukleiden, und eine natürliche Ausdrucksweise anzueignen suchen, und würde dann seinem Thun und Handeln folgen können, als es momentan möglich ist.*[37]

Was der anonyme Rezensent hier kritisiert, ist der „blumige", umständlich ausladende Charakter der Violinsonate, der jugendliche Überschwang des Erstlingswerkes. Die solide Beherrschung des Handwerks wird auch hier besonders betont. Die Beurteilung ist aber nicht wirklich nachvollziehbar, denn das Werk hat durchaus auch Schwung und jugendliche Frische, gepaart mit dem für Thuille so typischen harmonischen Reichtum.

37 Anonymus, „Kritischer Anhang", in: Musikalisches Wochenblatt, 26.5.1881, S. 274/275.

Pauline Nagillers Tod

Nur wenige Wochen nach dem glänzenden Debüt mit der öffentlichen Aufführung der Violinsonate op. 1 verstarb am 7. Juni 1881 in Innsbruck Thuilles mütterlich fürsorgliche Mäzenin Pauline Nagiller geb. Cruse. Ihren Schützling bedachte sie auch nach ihrem Tod mit einer großzügigen Zuwendung:

> *Als Universalerben ihres Vermögens soll Frau Nagiller ein junges, musikalisches Talent aus Bozen bestimmt haben, für dessen künstlerische Ausbildung sie auch schon zu Lebzeiten in wahrhaft mütterlicher Weise gesorgt hat.*[38]

Die persönlichen Besitztümer von Pauline Nagiller gelangen zur Versteigerung. Die „Versteigerungs-Kundmachung" in den „Innsbrucker Nachrichten" vom 11. Juli 1881 (S. 6) ist ein beeindruckendes Zeugnis für den Wohlstand der Musikvereinsdirektors-Witwe. So werden u. a. „elegante Zimmereinrichtungen, Betten, Bilder, Blumenständer, Teppiche, Albums, Lampen, Statuen, bel[l]etristische Werke, Musikalien, illustrierte Zeitschriften, Seidenkleider, Pelzgegenstände, dann eine große Auswahl größtentheils neuer Wäscheartikel, echte Spitzen u. s. w., dann Glas- und Porzellan-Service, Küchengeräthe u. s. w., endlich wertvolle Silber und Schmuckgegenstände" angeführt. Der Erlös aus dieser Auktion kam dem Universalerben Ludwig Thuille zugute, dem dadurch für die nächste Zeit ein von finanziellen Sorgen weitgehend freies Leben ermöglicht wurde. Ludwig hatte zu seiner Mäzenin ein sehr herzliches, durchaus enges persönliches Verhältnis aufgebaut: Er verbrachte mehrere Sommer mit ihr am Achensee in

38 Leichenbegängnis der Frau Nagiller, in: Innsbrucker Nachrichten, 10.6.1881, S. 3.

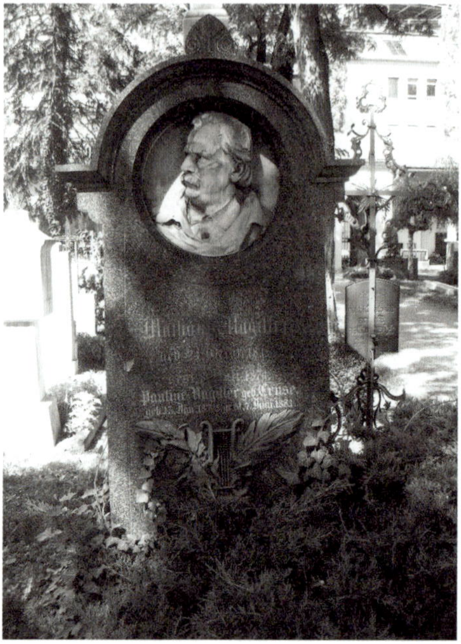

Grabmal für Pauline und Matthäus Nagiller am Städtischen Westfriedhof Innsbruck, Quelle: Wikimedia Commons

der Sommerfrische und nannte sie in Briefen die „herzliebe Frau Nagiller". Sie war für ihn ein Mutter-Ersatz und eine Vertrauensperson. Vor allem ermöglichte sie ihm mit ihrer uneigennützigen Förderung seine musikalische Karriere.

Abschluss der Münchner Studienzeit

Pauline Nagiller erlebte Thuilles Münchner Abschluss nicht mehr. Nach Munter erhielt der Schüler im Abschlusszeugnis in allen Fächern ein Sehrgut – mit Ausnahme von Literaturgeschichte.[39] Zum

39 Friedrich Munter, Ludwig Thuille. Ein erster Versuch (Zeitgenössische Komponisten. Eine Sammlung, herausgegeben von Hermann Wolfgang v. Waltershausen, Band VIII), München 1923, S. 21.

Abschluss spielte der Tiroler sein eben fertiggestelltes, sehr ambitioniertes Klavierkonzert. Nun stand Thuille das Tor zur musikalischen Welt weit offen. Sein Bestreben ging nicht in die Richtung einer Rückkehr nach Tirol: Anders als im Fall von Josef Pembaur bot sich für Thuille am Ende seiner Ausbildung kein attraktiver Posten (und in Tirol gab es überhaupt nur einen, der attraktiv genug war, den des Musikvereinsdirektors, und der sollte noch viele Jahrzehnte, bis 1918, von Josef Pembaur bekleidet werden). Außerdem wird Thuille in der bayerischen Metropole genug freie Großstadtluft geatmet haben, sodass ihm das konservative Tirol und die Kleinstadt Bozen eng und unattraktiv erschienen sein müssen. Noch konnte er auf einen Rest des hinterlassenen Vermögens von Pauline Nagiller zurückgreifen, aber das Versiegen dieser Ressource war absehbar und der 21-Jährige musste sich um einen ausreichend einträglichen Brotberuf kümmern. Als privater Klavierlehrer konnte er Geld verdienen, ohne an eine Institution gebunden zu sein. Seine erste Anstellung fand Thuille als Klavierlehrer im Hause des Barons Theodor von Dreifus(s) in Wildbad Kreuth zwischen dem Tegernsee und der Tiroler Grenze am Achenpass. Die Gegend war Thuille bestens vertraut, hatte er doch am nahen Achensee mit seiner Mäzenin Pauline Nagiller mehrere Sommerfrischen verbracht. Baron Dreifuss ist in Tirol übrigens als Initiator der Achenseebahn bekannt.

Thuille etabliert sich in der Münchner Musikszene

Ludwig Thuille musste nicht lang auf eine feste Anstellung warten: Schon 1883 wurde er als Lehrer für Klavier an die königliche Musikschule berufen – an die Institution, an der er eben seine Ausbildung abgeschlossen hatte. Zunächst hatte er den Posten eines

„Aushilfslehrers“, aber schon 1884 wurde er als „ordentliche Lehrkraft“ für Klavier und Harmonielehre angestellt.[40] Josef Gabriel Rheinberger, die „graue Eminenz“ der königlichen Musikschule, muss erkannt haben, welch hervorragendes Talent er mit dem jungen Südtiroler zur Reife bringen durfte – Thuille verdankte seine Berufung vor allem ihm. Mit knapp 22 Jahren war der ambitionierte junge Mann an einem Wendepunkt angelangt: Aus dem gelehrigen und fleißigen Schüler wurde ein fähiger Lehrer. 1883 war überhaupt ein Jahr der Weichenstellungen im Leben Ludwig Thuilles: Er erhielt den hoch dotierten Mozart-Preis der Mozart-Stiftung in Frankfurt am Main, einen der prestigeträchtigsten Kompositionspreise im deutschsprachigen Raum. Die Zuerkennung dieser Auszeichnung machte den Tiroler in der internationalen Musikwelt bekannt. So findet sich in der von Bartholf Senff in Leipzig herausgegebenen Zeitschrift „Signale für die musikalische Welt“ folgende Notiz:

> *Der Tonkünstler Ludwig Thuille aus Bozen, welcher in den Jahren 1879 bis inclusive 1882 die königliche Musikschule in München besucht hat und zur Zeit an dieser Anstalt als Lehrer für Clavier als Specialfach wirkt, ist unterm 25. Oct. vom Verwaltungsausschuß der Mozart-Stiftung zu Frankfurt a. M. aufgrund vorgelegter Compositionen zum Stipendiaten dieser Stiftung ernannt worden. Das Stipendium beträgt jährlich 1800 Mark und dauert je nach den Umständen vier Jahre.*[41]

40 „Genehmigt wurde, dass die beiden Aushülfslehrer an der Musikschule München Ludwig Thuille und Victor Gluth als ordentliche Lehrer dieser Anstalt für Clavierspiel und Harmonielehre in widerruflicher Weise angestellt werden“ (Allgemeine Zeitung Nr. 314, 11.11.1884, S. 4630).

41 Signale für die musikalische Welt, Heft 66 (November 1883), S. 1050.

Diese Nachricht wurde gleichlautend in zahlreichen Gazetten im gesamten deutschsprachigen Raum veröffentlicht und mehrte den Ruhm des jungen Komponisten und Musikers. In München trat Ludwig Thuille in den nächsten Jahren häufig bei Konzerten als Solo-Pianist, Kammermusikpartner und Liedbegleiter auf. Unter diesen vielen Konzerten sei vielleicht eines hier ausführlicher gewürdigt, nämlich jenes vom 10. März 1886, bei dem Thuille mit seinem Kollegen Joseph Giehrl (1857–1861) im „großen Museumssaale" in München auftrat. In der „Allgemeinen Zeitung" wird dieses Konzert wie folgt angekündigt:

> *(Concert.) Den zahlreichen Verehrern Joh. Seb. Bachs steht in den nächsten Tagen ein seltener Genuß bevor. Die HH. Giehrl und Thuille veranstalten am Aschermittwoch im großen Museumssaale ein Concert, als dessen Hauptnummer die sogenannten „Goldberg'schen Variationen" des Altmeisters in der Rheinberger'schen Bearbeitung für zwei Claviere figurieren. Dieses großartige Werk wurde bisher mehr theoretisch gewürdigt als gespielt, indem es für ein Clavier mit zwei Manualen (d. i. mit zwei übereinanderstehenden Claviaturen) componirt ist – ein Instrument, das man längst nicht mehr kennt. Rheinberger hat sich durch seine congeniale Bearbeitung das große Verdienst erworben, dieses hohe Lied der Variationen-Form dem modernen Publikum wiedergeschenkt zu haben. [...] Auf dem Programm stehen außer der besprochenen Schlußnummer noch eine Cello-Sonate von Rubinstein, welche Herr Professor Giehrl im Verein mit unserem geschätzten Hofmusiker Hrn. Hans Wihan zum Vortrage bringen wird, sowie zwei Clavierstücke: (op. 3) a. „Ständchen", b. „Humoreske", c. „Capriccio" von Ludwig Thuille.*[42]

42 Zweite Beilage zur Allgemeinen Zeitung, Nr. 68 (9.3.1886), S. 1.

Ludwig Thuille spielte also gemeinsam mit seinem Lehrerkollegen an der königlichen Musikschule Joseph Giehrl Josef Gabriel Rheinbergers Bearbeitung der Goldberg-Variationen von Bach für Klavier zu vier Händen. Mit diesem Arrangement erschloss Rheinberger das damals noch kaum bekannte Monumentalwerk für die aktuelle musikalische Praxis. Es historisierend auf einem Cembalo aufzuführen, wäre damals nicht nur vollkommen abwegig erschienen, man hätte auch einfach kein geeignetes, funktionsfähiges Instrument zur Verfügung gehabt.

Im Jahr dieses Konzertes mit den Goldberg-Variationen, 1886, erregte ein Werk Thuilles Aufsehen, nämlich die Symphonie in F-Dur, sein einziger Beitrag zu dieser Gattung. Richard Strauss, frisch ernannter Hofkapellmeister in Meiningen, setzte die Uraufführung des Werkes auf das Programm der Konzerte in seiner neuen Wirkungsstätte. Die Premiere des Werkes war ein glänzender Erfolg, aber das Werk blieb ungedruckt und geriet nach einigen wenigen Folgeaufführungen fast vollständig in Vergessenheit.

Pflege der Verbindungen zu Tirol

Die Verbindung Thuilles mit seiner Tiroler Heimat und mit seinem Lehrer Josef Pembaur brach nie ab. Er trat in Innsbruck bis zu seinem frühen Tod immer wieder in Konzerten des Musikvereins auf. Zudem wurden regelmäßig Kompositionen Thuilles von Pembaur programmiert. Das Konzert vom 17.5.1881 mit der Erstaufführung der Violinsonate wurde bereits erwähnt.

Ein Jahr später ist Thuille der gefeierte Solist beim „IV. Mitglieder-Concert“ des Innsbrucker Musikvereins unter Pembaurs Leitung. Er spielt den Solopart in Mozarts „Krönungskonzert“ KV 537, begleitet

Programmzettel zum Konzert des Innsbrucker Musikvereines am 7. März 1882, Tiroler Landesmuseum Ferdinandeum Innsbruck, Musiksammlung, KP 232, Foto: TLM

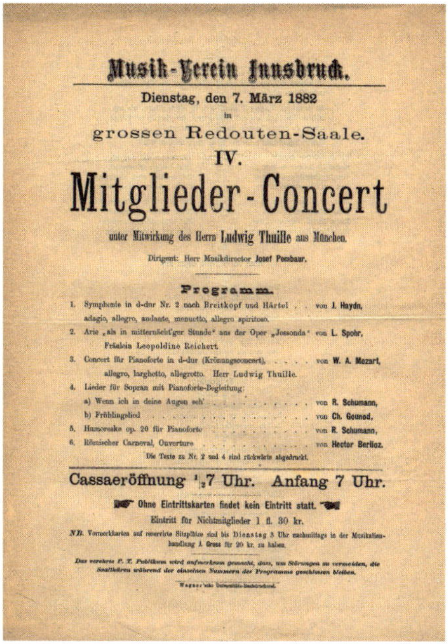

Musik-Verein Innsbruck.

Dienstag, den 7. März 1882

im

grossen Redouten-Saale.

IV.

Mitglieder-Concert

unter Mitwirkung des Herrn Ludwig Thuille aus München.

Dirigent: Herr Musikdirector Josef Pembaur.

Programm.

1. Symphonie in d-dur Nr. 2 nach Breitkopf und Härtel . . von J. Haydn,
adagio, allegro, andante, menuetto, allegro spiritoso.
2. Arie „als in mitternächt'ger Stunde“ aus der Oper „Jessonda“ von L. Spohr,
Fräulein Leopoldine Reichert.
3. Concert für Pianoforte in d-dur (Krönungsconcert). . . . . von W. A. Mozart,
allegro, larghetto, allegretto. Herr Ludwig Thuille.
4. Lieder für Sopran mit Pianoforte-Begleitung:
a) Wenn ich in deine Augen seh' . . . . von R. Schumann,
b) Frühlingslied . . . . von Ch. Gounod,
5. Humoreske op. 20 für Pianoforte . . . . von R. Schumann,
6. Römischer Carneval, Ouverture . . . . von Hector Berlioz.

Die Texte zu Nr. 2 und 4 sind rückwärts abgedruckt.

Cassaeröffnung 1/2 7 Uhr. Anfang 7 Uhr.

Ohne Eintrittskarten findet kein Eintritt statt.

Eintritt für Nichtmitglieder 1 fl. 30 kr.

NB. Vormerkkarten auf reservirte Sitzplätze sind bis Dienstag 3 Uhr nachmittags in der Musikalienhandlung J. Gross für 20 kr. zu haben.

Das verehrte P. T. Publikum wird aufmerksam gemacht, dass, um Störungen zu vermeiden, die Saalthüren während der einzelnen Nummern des Programms geschlossen bleiben.

die Sopranistin Leopoldine Reichert in je einem Lied von Robert Schumann und Charles Gounod und interpretiert Schumanns Humoreske op. 20.

Am 23. Oktober 1883 spielte Thuille in Innsbruck sein eigenes Klavierkonzert und zwei Klavierstücke aus seinem Opus 3. Das kritische Urteil für den Komponisten und Interpreten fällt sehr günstig aus:

> *Als Gast bei diesem Concerte wirkte Herr Ludwig Thuille aus München mit, der sich schon in den letzten Jahren als äußerst strebsamer Musiker und tüchtiger Clavierspieler bei uns eingeführt hatte. Bei diesem Concerte bewies derselbe die auffallendsten Fortschritte sowohl in der Composition als auch in der Technik des Clavierspiels, eine Behauptung, die wir auf den Vortrag des*

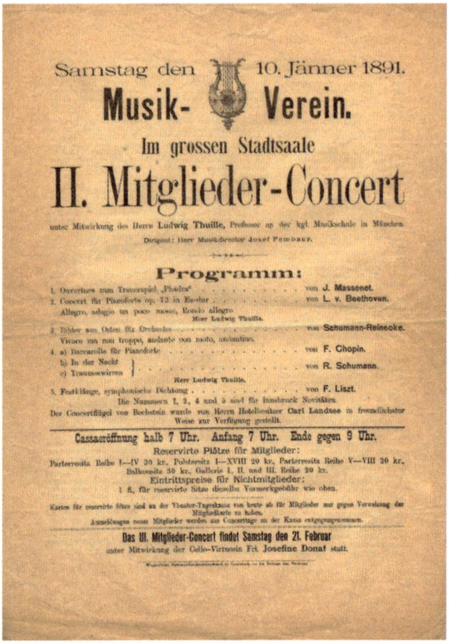

Samstag den 10. Jänner 1891.

Musik-Verein.

Im grossen Stadtsaale

II. Mitglieder-Concert

unter Mitwirkung des Herrn **Ludwig Thuille,** Professor an der kgl. Musikschule in München

Dirigent: Herr Musikdirector Josef Pembaur.

Programm:

1. Ouverture zum Trauerspiel „Phädra" . . . . von **J. Massenet.**
2. Concert für Pianoforte op. 73 in Es-dur . . . . von **L. v. Beethoven.**
   Allegro, adagio un poco mosso, Rondo allegro
   Herr Ludwig Thuille.
3. Bilder aus Osten für Orchester . . . . von **Schumann-Reinecke.**
   Vivace ma non troppo, andante con moto, andantino.
4. a) Barcarolle für Pianoforte . . . . von **F. Chopin.**
   b) In der Nacht
   c) Traumeswirren } . . . . von **R. Schumann.**
   Herr Ludwig Thuille.
5. Festklänge, symphonische Dichtung . . . . von **F. Liszt.**

Die Nummern 1, 2, 4 und 5 sind für Innsbruck Novitäten.

Der Concertflügel von Bechstein wurde von Herrn Hotelbesitzer **Carl Landsee** in freundlichster Weise zur Verfügung gestellt.

Cassaeröffnung halb 7 Uhr. Anfang 7 Uhr. Ende gegen 9 Uhr.

Reservirte Plätze für Mitglieder:

Parterresitz Reihe I—IV 30 kr., Pultersitz I—XVIII 20 kr., Parterresitz Reihe V—VIII 20 kr., Balkonsitz 30 kr., Gallerie I., II. und III. Reihe 20 kr.

Eintrittspreise für Nichtmitglieder:

1 fl., für reservirte Sitze dieselbe Vormerkgebühr wie oben.

Karten für reservirte Sitze sind an der Theater-Tagescassa von heute ab für Mitglieder nur gegen Vorweisung der Mitgliedkarte zu haben.

Anmeldungen neuer Mitglieder werden am Concerttage an der Kassa entgegengenommen.

Das III. Mitglieder-Concert findet Samstag den 21. Februar

unter Mitwirkung der Cello-Virtuosin Frl. **Josefine Donat** statt.

Programmzettel zum Konzert des Innsbrucker Musikvereines am 10. Januar 1891, Tiroler Landesmuseum Ferdinandeum Innsbruck, Musiksammlung, KP 299, Foto: TLM

> *Clavier-Concertes eigener Composition mit Orchesterbegleitung stützen, ohne deshalb den anderen zwei Vortragsstücken, einem seelenvollen Ständchen und sehr schwierigen Capriccio und deren Wert Eintrag thun zu wollen. Deshalb wurde auch unser geschätzter Landsmann seitens des zahlreich versammelten Publicums mit großem Beifall und wiederholtem Hervorruf mit vollem Rechte ausgezeichnet.*[43]

Für das Mitgliederkonzert des Musikvereins am 10. Jänner 1891 im erst ein Jahr zuvor eröffneten Stadtsaal wird die „Mitwirkung des Herrn Ludwig Thuille, Professor an der kgl. Musikschule in München"

43 Der Bote für Tirol, 27.10.1883, S. 2124.

angekündigt. Der Gastsolist spielt auf einem Konzertflügel der Firma Bechstein Ludwig van Beethovens fünftes Klavierkonzert, eine Barcarole von Frédéric Chopin und zwei Fantasiestücke von Robert Schumann.

Am 5. März 1894 gastierte die „Münchner Kammermusik-Vereinigung", bestehend aus renommierten Virtuosen des königlich-bayerischen Hoforchesters wie dem Flötisten Rudolf Tillmetz (1847–1915) und dem Oboisten Ernst Reichenbächer (1849–1919), im kleinen Stadtsaal und präsentierte Thuilles damals schon populärste Komposition, das wunderbare Sextett op. 6 für Klavier, Flöte, Oboe, Klarinette, Fagott und Horn, „ein einnehmendes Stück von heitrem, frischem, ungesuchtem Inhalte, leicht verständlich und reich an mannigfaltigen Instrumentalwirkungen".[44]

Am 9. März 1900 stand Thuilles „Romantische Ouverture" auf dem Programm des „IV. Mitglieder-Concertes" des Innsbrucker Musikvereines. Der Rezensent des „Tiroler Tagblattes" merkte an: „Das Werk wirkte sehr frisch und belebend, ist reich an Erfindung und Klangfarben, aber das eigentlich Romantische konnten wir nicht recht entdecken."[45]

Am 8. Mai 1903 wurde im Rahmen eines Musikvereins-Mitgliederkonzertes in Innsbruck die Chorkomposition „Traumsommernacht" nach einem Text von Otto Julius Bierbaum von Ludwig Thuille aufgeführt. Das Stück ist durch seine exquisite Besetzung mit Frauenchor, Solovioline und Harfe bemerkenswert. Am 21. Oktober 1904 stand Thuilles „Romantische Ouverture" erneut auf dem Programm eines Innsbrucker Musikvereinskonzertes unter Josef Pembaurs Leitung.

44 Innsbrucker Nachrichten, 5.3.1894, S. 2.

45 Tiroler Tagblatt, 13.3.1900, S. 3.

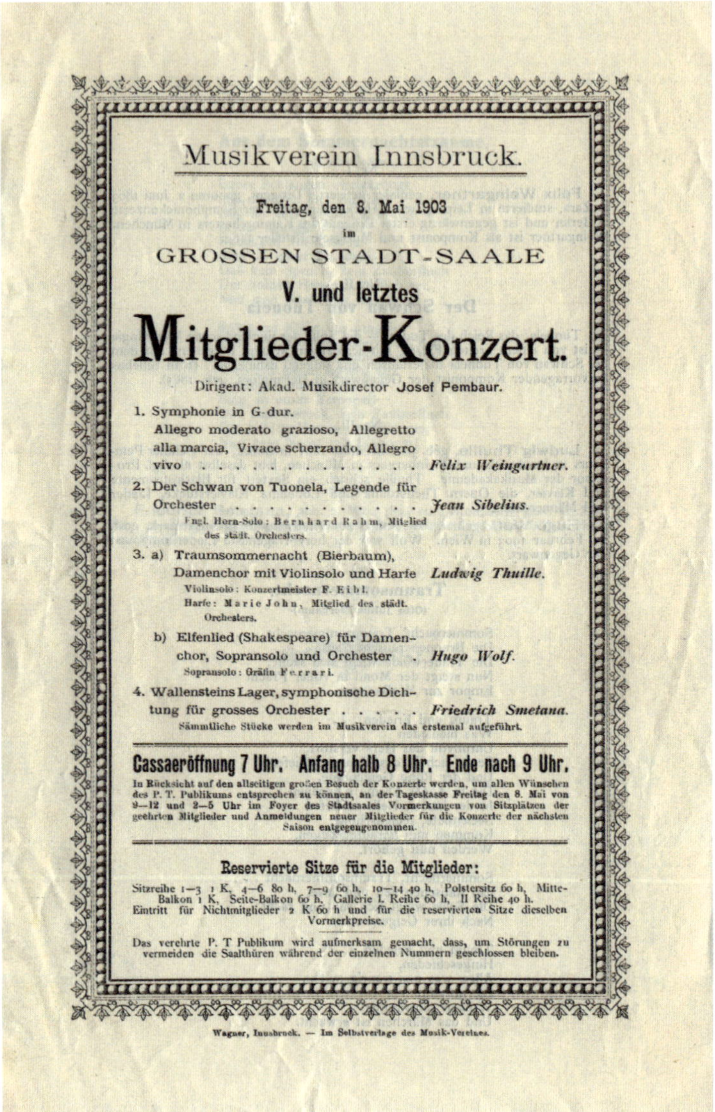

Musikverein Innsbruck.

Freitag, den 8. Mai 1903
im
GROSSEN STADT-SAALE

V. und letztes
Mitglieder-Konzert.

Dirigent: Akad. Musikdirector Josef Pembaur.

1. Symphonie in G-dur.
Allegro moderato grazioso, Allegretto alla marcia, Vivace scherzando, Allegro vivo . . . . *Felix Weingartner.*

2. Der Schwan von Tuonela, Legende für Orchester . . . . *Jean Sibelius.*
Engl. Horn-Solo: Bernhard Rahm, Mitglied des städt. Orchesters.

3. a) Traumsommernacht (Bierbaum), Damenchor mit Violinsolo und Harfe *Ludwig Thuille.*
Violinsolo: Konzertmeister F. Eibl.
Harfe: Marie John, Mitglied des städt. Orchesters.

b) Elfenlied (Shakespeare) für Damenchor, Sopransolo und Orchester . *Hugo Wolf.*
Sopransolo: Gräfin Ferrari.

4. Wallensteins Lager, symphonische Dichtung für grosses Orchester . . . . . . *Friedrich Smetana.*

Sämmtliche Stücke werden im Musikverein das erstemal aufgeführt.

Cassaeröffnung 7 Uhr. Anfang halb 8 Uhr. Ende nach 9 Uhr.

In Rücksicht auf den allseitigen großen Besuch der Konzerte werden, um allen Wünschen des P. T. Publikums entsprechen zu können, an der Tageskasse Freitag den 8. Mai von 9–12 und 2–5 Uhr im Foyer des Stadtsaales Vormerkungen von Sitzplätzen der geehrten Mitglieder und Anmeldungen neuer Mitglieder für die Konzerte der nächsten Saison entgegengenommen.

Reservierte Sitze für die Mitglieder:

Sitzreihe 1–3 1 K, 4–6 80 h, 7–9 60 h, 10–14 40 h, Polstersitz 60 h, Mitte-Balkon 1 K, Seite-Balkon 60 h, Gallerie I. Reihe 60 h, II Reihe 40 h.
Eintritt für Nichtmitglieder 2 K 60 h und für die reservierten Sitze dieselben Vormerkpreise.

Das verehrte P. T Publikum wird aufmerksam gemacht, dass, um Störungen zu vermeiden die Saalthüren während der einzelnen Nummern geschlossen bleiben.

Wagner, Innsbruck. — Im Selbstverlage des Musik-Vereines.

Programmzettel zum Konzert des Innsbrucker Musikvereines am 8. Mai 1903, Tiroler Landesmuseum Ferdinandeum Innsbruck, Musiksammlung, KP 350, Foto: TLM

Heirat und Familiengründung – Privates

1887 heiratete Ludwig Thuille Emma, die Tochter des aus Salzburg stammenden königlich-bayerischen Generalleutnants und Generalstabschefs Ignaz von Dietl (1811–1897). Richard Strauss hatte seinen Freund in die Familie Dietl eingeführt. Wenn man Friedrich Munter glauben darf, führten Emma und Ludwig eine vorbildliche, harmonische Ehe:

> *Die mit ihr 1887 geschlossene Ehe war eine ganz selten vorbildliche, in der es in zwanzig Jahren wohl nie einen Mißton, geschweige denn eine Verstimmung oder Entfremdung gab, als es sich nicht um temperamentlose Wesen und glatte äußere Verhältnisse handelte.*[46]

Dieses harmonische Einvernehmen zwischen den Eheleuten Thuille wird durch den im Nachlass Thuille in der Bayerischen Staatsbibliothek München erhaltenen, digital verfügbaren Briefwechsel des Paares bestätigt.[47] Thuille verwendete vor allem in den ersten zehn Ehejahren gern die Anreden „Liebes Weiberl“ und „Liebstes Emmerl“, später auch „Liebstes Mutterl“, schrieb auf Reisen täglich, hielt seine Frau über alle Erlebnisse detailgenau auf dem Laufenden und schlug stets einen sehr vertraulichen Ton an. Immer wieder war Thuille auf Reisen oder beim Komponieren, während seine Frau zu Hause blieb oder auch auf Sommerfrische weilte. Innsbruck und Umgebung scheinen für Emma Thuille bevorzugte Reiseziele gewesen zu sein. Im Sommer 1900 etwa war Emma einige Wochen in Patsch bei Innsbruck

46 Friedrich Munter, Ludwig Thuille. Ein erster Versuch (Zeitgenössische Komponisten. Eine Sammlung, herausgegeben von Hermann Wolfgang v. Waltershausen, Band VIII), München 1923, S. 24/25.

47 Bayerische Staatsbibliothek München, Nachlass Ludwig Thuille, Ana 4933.I.1.c.

(übrigens in unmittelbarer Nähe zum Gluirschhof bei Vill, dem Sommersitz der Familie Pembaur), während Thuille über Salzburg nach Wien und Graz reiste. Ein Hauptanliegen dieser Reise war es, eine Aufführung der Oper „Lobetanz" in Wien vorzubereiten (dazu später mehr). Im Mai 1901 weilte Emma bei der Familie Marchesani in Innsbruck, also bei den Verwandten ihres Mannes; Ludwig und die Kinder blieben in München. In den Sommern 1902 und 1903 war Emma jeweils in Mieders im Stubaital, wohl wieder zur Sommerfrische. Aber auch im Winter blieb Emma nicht immer zu Hause: Im Januar 1906 nahm sie in einer Pension am Tegernsee Quartier, in unmittelbarer Nähe ihres Elternhauses in Wildbad Kreuth; schon im März und April dieses Jahres schreibt ihr Ludwig Briefe nach Konstanz am Bodensee – zur Kur. Die Aufenthalte dienten nicht mehr nur der Erholung, sondern in erster Linie der Genesung, denn Emma litt immer wieder an einem „Nervenleiden", also einer psychischen Erkrankung. In einem Schreiben an Emma vom 14. März 1906 nahm Ludwig ausführlicher auf diese Krankheit, vielleicht eine Depression, Bezug:

> *Liebste,*
> *[...] Hoffentlich hat sich seit gestern dein Befinden und deine Stimmung gehoben. Daß ab u. zu ein Rückschlag eintritt, kann uns ja nicht Wunder nehmen. Eine Sache, die sich seit Jahresfrist verbreitet und fortgesetzt hat, wie dein Nervenzustand, kann unmöglich in 8 Tagen wieder ins Reine kommen. Ich bin sehr beruhigt über deinen festen Entschluß, auszuharren und auf den schließlichen Erfolg zu vertrauen. Es müßte ja wirklich mit dem Deubel zugehen, wenn eine mehrnächtliche Pflege und Ruhe nicht endlich eine Regeneration des Nervensystems bewirken sollte. Die Rechnung finde ich genau so, wie ich solche erwartet habe. Was die Arztrechnung anlangt, so wird diese wohl im Verlauf der Cur billiger werden, da eine tägliche Visite*

mit der Zeit entbehrlich sein wird. Mach dir, ich wiederhole es, keinerlei quälende Gedanken. Es ist total Wurscht, wie viele blaue Lappen draufgehen, wann's nur hilft![48]

Aus diesem Brief spricht aufrichtige, liebevolle Besorgtheit Ludwigs um Emma. Zudem erfahren wir von anhaltenden Geldsorgen – ein Problem, mit dem Thuille schon länger und zeitlebens zu kämpfen hatte.

Ludwig seinerseits war öfter auf Reisen, oft zu Aufführungen seiner Werke in deutschen Städten (u. a. 1902 Krefeld, 1904 Frankfurt). Im Juli 1904 schrieb er an Emma in München aus Klobenstein am Ritten bei Bozen, dem Sommerfrische-Ziel der Familien Thuille und Marchesani seit Ludwigs Kindheit. Der Sohn Eduard war mit von der Partie, ebenso Ernst von Marchesani mit seinen Kindern. Die Briefe Thuilles im Nachlass zeugen von seinem intensiven Bemühen, seine Frau über alles zu informieren – und gleichzeitig von seinem lebhaften Interesse am Fortgang des alltäglichen Lebens von Emma und den Kindern.

Emma Thuille überlebte ihren Mann um 39 Jahre und starb am 1. Oktober 1946 in München. Ein Sohn Eduard kam 1888 zur Welt und starb schon 1909, nur zwei Jahre nach seinem Vater. Eine Tochter, Hedwig, wurde 1890 geboren und starb 1964. Sie heiratete einen der bedeutendsten Schüler Ludwig Thuilles, Walter Courvoisier (1875–1931).

Man muss Herbert Rosendorfer wohl recht geben, wenn er schreibt: „Thuilles Leben verlief – im Gegensatz zu dem seines Freundes Strauss – in ruhigen, bürgerlichen und ganz unsensationellen

48 Brief von Ludwig Thuille in München an Emma Thuille in Konstanz, 14.3.1906, Bayerische Staatsbibliothek München, Nachlass Ludwig Thuille, Ana 4933.I.1.c./67.

Bahnen".[49] Wir wissen aber auch weniger über Familiäres, außer dass Thuille ein leidenschaftlicher Jäger war und gerne Zeit in der freien Natur verbrachte. Von 1890 bis 1892 verlebte er die Sommerfrische jeweils zusammen mit Strauss in Marquardstein in Oberbayern. Dort konnte er u. a. seiner Jagdleidenschaft frönen und Abstand von der Großstadt gewinnen. Thuille hatte neben der Jagd noch eine zweite Passion: das Skat-Spiel. Die Schwester von Richard Strauss, Johanna, berichtet, dass Strauss seine legendäre Leidenschaft für dieses Kartenspiel von Thuille vererbt bekam.[50]

Konversion zu den „Neudeutschen"

Emma Thuille geb. Dietl war musikinteressiert und familiär geprägt eine leidenschaftliche Wagnerianerin. Sie musste ihren zuvor dezidiert Wagner-kritischen Mann nicht zum Bayreuther Meister bekehren. Dies gelang schon 1886 dem Geiger, Dirigenten und Komponisten Alexander Ritter (1833–1896), mit dem zunächst Richard Strauss und etwas später auch Ludwig Thuille freundschaftlichen Umgang pflegten. Strauss lernte Ritter in Meiningen kennen: Ritter war dort Mitglied der Hofkapelle, Strauss kurzzeitig Hofkapellmeister. Alexander Ritter hatte Richard Wagner 1861 persönlich kennengelernt und unter seiner Leitung im Weimarer Orchester gespielt, sich aber schon vorher mit ihm brieflich ausgetauscht. Er war ein Wagnerianer durch und durch bis an sein Lebensende, ein Parteigänger und Apologet der „Neudeutschen", der sowohl bei Richard Strauss als

49 Herbert Rosendorfer, „Ludwig Thuille – Leben und Werk", in: Komponisten in Bayern, Band 16: Ludwig Thuille, Tutzing 1993, S. 13–35, hier S. 26.

50 Johanna v. Rauchenberger-Strauss: Jugenderinnerungen, in: Richard-Strauss-Jahrbuch 1959/60, Bonn 1960, S. 7–30, hier S. 23.

auch bei Ludwig Thuille eine „Konversion“ in Richtung der fortschrittlichen Partei erreichte. 1886 quittierte Ritter seinen Dienst in der Meininger Hofkapelle und übersiedelte nach München, wo er sich dem Komponieren widmete und Jünger um sich scharte. Er muss Charisma und Überzeugungskraft besessen haben. Die Ritter-Runde, das Epizentrum des Wagnerianertums und die Zentrale der fortschrittlich gesinnten „Neudeutschen Partei“ in der bayerischen Hauptstadt, traf sich im Weinhaus „Leibenfrost“ am Münchner Promenadenplatz. Auch Strauss und Thuille fanden sich häufig in diesem Kreis ein und ließen sich von „Onkel Ritter“, wie sie ihn fortan nannten, anstecken – Strauss vielleicht noch mehr als Thuille. 1889 pilgerten die Künstlerfreunde Alexander Ritter, Ludwig Thuille und Richard Strauss gemeinsam nach Berlin, wo sie einer Aufführung von Beethovens Neunter Symphonie unter der Leitung des Dirigenten Hans von Bülow beiwohnten. Bülow galt als führende Figur einer neuen Dirigentengeneration und propagierte einen neuen, sehr expressiven und individualistischen Dirigierstil abseits biederen Kapellmeistertums. Bülow hatte Alexander Ritter seinerzeit nach Meiningen geholt. Der große Dirigent beeindruckte Thuille und Strauss sehr. Die drei Freunde reisten von Meiningen weiter nach Bayreuth, um Wagners Bühnenwerke im Festspielhaus am Grünen Hügel zu erleben.

Die Hinwendung zur „Neudeutschen Partei“ war für den Fortgang von Thuilles musikalischer Karriere manchmal hinderlich: Ausdrücklich ermuntert durch seinen Freund Richard Strauss bewarb er sich neuerlich um einen renommierten Kompositionspreis, den Beethoven-Preis der Gesellschaft der Musikfreunde in Wien. In der Kommission für die Preisvergabe saß Eduard Hanslick (1825–1904), der gefürchtete strenge Musikkritiker-Papst, ein Parteigänger der „Brahmsianer“ und erbitterter Gegner der Neudeutschen. Thuille und Strauss machten ihn, aber auch Johannes Brahms[51] dafür verantwortlich, dass der Preis nicht an den Komponisten des Sextetts ging, sondern erstmals geteilt wurde, was nur durch eine Statutenänderung möglich war. Der Mit-Preisträger war Julius Zellner (1832–1900), ein kaum bekannter, heute völlig vergessener Wiener Musiklehrer. Auch wenn das Sextett ein Werk ist, das auch den Konservativsten gefallen muss, war Thuille für Hanslick und Co. auf der falschen Seite. Die Enttäuschung wurde vielleicht dadurch abgemildert, dass Thuille 1890 zum „königlichen Professor" ernannt wurde. Man darf nicht vergessen: Seine Karriere fußte auf zwei tragenden Säulen, der Komposition und der Lehrtätigkeit, und Letztere nahm sehr viel Zeit in Anspruch.

Hinwendung zum Musikdrama

Alexander Ritter war auch der Librettist von Thuilles Opernerstling „Theuerdank" (Uraufführung 1897 in München). Diese Oper ist gewissermaßen ein Produkt von Ludwig Thuilles neuer Wagner-Begeisterung, aber alles andere als epigonenhafte Nachahmung der Musikdramen des Bayreuther Meisters. Zu Thuilles Hinwendung zum Musikdrama trug wohl auch der Eindruck der ersten Oper von Richard Strauss, Guntram (1894), bei. Ab 1892 beschäftigte sich Thuille sehr intensiv, zeitweise sogar ausschließlich mit der Gattung Oper.

51 In einem Brief an Richard Strauss vom 19.1.1890 schreibt Thuille: „Für Deine Gratulation zu dem zweifelhaften Erfolg meines Sextetts bei der Beethoven-Concurrenz danke ich Dir; interessieren wird es Dich, zu hören, dass, wie ich aus ganz authentischer Quelle in Erfahrung gebracht habe, dass die wirkliche Ertheilung des Preises durch unseren lieben Brahms hintertrieben wurde zu Gunsten zweier ganz talentloser Protectionskinder des heiligen Johannes." Zitiert nach Franz Trenner (Hrsg.), Richard Strauss – Ludwig Thuille. Ein Briefwechsel (Veröffentlichungen der Richard-Strauss-Gesellschaft München, Band 4), Tutzing 1980, S. 109.

Das Libretto zu „Theuerdank“ ist von dem gleichnamigen autobiografischen Epos von Kaiser Maximilian I. aus dem Jahr 1517 inspiriert. Geht es in der Vorlage um Maximilians Brautfahrt nach Burgund, so zieht der spätere römische König und Kaiser bei Ritter – wie Zar Peter I. und Kaiser Josef II. – inkognito als Minnesänger durch die Lande, um sein Volk und sein Reich besser kennenzulernen. Er wird gefangen genommen, aber durch eine List seiner klugen Tochter gerettet. Für die Oper erhielt Thuille einen von Prinzregent Luitpold ausgeschriebenen Preis, musste ihn aber mit dem österreichischen Komponisten Alexander von Zemlinsky (1872–1942) und dem in Mährisch-Ostrau/Ostrava wirkenden badischen Kapellmeister Arthur Könnemann (1861–1931) teilen. Der am 12. März 1897 uraufgeführte „Theuerdank“ war ein Erfolg beim Münchner Publikum, aber die Presse war einhellig negativ und die Oper verschwand nach nur vier Vorstellungen vom Spielplan.[52] Die Ouvertüre zum Thuille’schen Opernerstling entwickelte ein Eigenleben als Konzertstück und wurde als „Romantische Ouverture“ zu einem der erfolgreichsten Werke des Tiroler Komponisten.

Thuilles erfolgreichster Beitrag zum Musikdrama war das mittelalterliche Märchenspiel „Lobetanz“ nach einem Libretto des Modedichters Otto Julius Bierbaum (1865–1910). Die Premiere dieser Märchenoper fand nicht einmal ein Jahr nach der „Theuerdank“-Uraufführung statt, allerdings nicht in München, sondern am Hoftheater in Karlsruhe unter der musikalischen Leitung des bekannten Wagner-Dirigenten Felix Mottl (1856–1911). In der Zeitschrift „Signale für die musikalische Welt“ wird berichtet:

52 Zu den Opern Thuilles vgl. Bernd Edelmann, „Von Wagner zum Jugendstil. Ludwig Thuilles Opern“, in: Komponisten in Bayern, Band 16: Ludwig Thuille, Tutzing 1993, S. 61–79, zu „Theuerdank“ speziell S. 62–65.

> *„Lobetanz", ein Bühnenspiel in drei Aufzügen von Otto Julius Bierbaum, Musik von Thuille, erlebte am Hoftheater in Karlsruhe seine allererste Aufführung. Das Werk fand in vortrefflicher Darstellung eine sehr beifällige Aufnahme. Die Titelrolle sang Herr Emil Gerhäuser, die weibliche Hauptpartie Frau Henriette Mottl. Mottl leitete die Aufführung.*[53]

Sofort begann ein Erfolgslauf für dieses Werk, in dem „Thuille endgültig zu seiner – von Wagnerismen freien – Sprache"[54] fand. Die Berliner Erstaufführung fand nur wenige Tage nach der Uraufführung statt, es folgten bedeutende Opernhäuser wie Zürich, Stuttgart und Straßburg. Im Sommer 1900 unternahm Thuille eine Reise über Salzburg nach Wien und Graz. In Wien ging es darum, eine Aufführung des „Lobetanz" an der Hofoper vorzubereiten und mit den Verantwortlichen zu verhandeln. Dazu traf er den Kapellmeister an der Hofoper, Franz Schalk (1863–1931), und den Hofoperndirektor und Kapellmeister Gustav Mahler (1860–1911). Sowohl Schalk, als auch Mahler empfingen den aus München kommenden Komponisten freundlich und zuvorkommend. Über Schalk schreibt Thuille: „Er ist ein sehr netter und gemütlicher Kerl (eleganter Jude) und schwärmt sehr für Lobetanz, den er in Berlin gehört hat."[55] Über das etwa einstündige Zusammentreffen mit Mahler schreibt Thuille an Emma: „M. war sehr liebenswürdig".[56] Tatsächlich wurde „Lobetanz" dann in Wien auch gegeben, die Premiere fand am Montag, dem 18. März

53 Signale für die musikalische Welt, Nr. 14, 15.11.1898, S. 214.

54 Bernd Edelmann, „Von Wagner zum Jugendstil. Ludwig Thuilles Opern", in: Komponisten in Bayern, Band 16: Ludwig Thuille, Tutzing 1993, S. 61–79, S. 29.

55 Brief von Ludwig an Emma Thuille, datiert „Wien, 25. August 1900", Bayerische Staatsbibliothek München, Nachlass Ludwig Thuille, Ana 4933.I.1.c./33.

56 Postkarte von Ludwig an Emma Thuille, datiert „den 27. August 7 Uhr früh".

1901, im „k. k. Hof-Operntheater“ (heute Wiener Staatsoper) statt. Von den vielen – nicht durchwegs positiven – Kritiken in der Wiener Presse sei jene in der „Wiener Allgemeinen Zeitung“ herausgenommen. Der Verfasser, der renommierte Musikkritiker Gustav Schönaich (1840–1906), schreibt über die von Kapellmeister Franz Schalk geleitete Premiere des „Lobetanz“ sehr ausführlich. Einige die Musik betreffende Passagen seien hier zitiert:

> *Ein Dichter, ein Musiker und alle, die bei der gestrigen Erstaufführung mitwirkten, haben dem Publicum der gestrigen Erstaufführung in der Hofoper einige Stunden ungetrübten Genusses bereitet. Es ist ein Glück, so reine Luft zu athmen, wie sie uns aus Bierbaum-Thuille's „Lobetanz“ anweht. […] In Ludwig Thuille hat Bierbaum einen auf seinen Ton glücklich eingestimmten Musiker gefunden. Thuilles Musik ist vornehm. Sie braucht das Banale nicht zu vermeiden, weil sie ihm nie in die Nähe kommt. Thuille ist ein Meister seiner Kunst, die er in jeder Richtung beherrscht. Aber er zieht alles Technische nur als Mittel zum Zweck herbei und läßt sich nie verführen, an einer Stelle Künste zu verwenden, wo nur die Kunst zu sprechen hat. Stimmung steht ihm jederzeit zu Gebote, an glücklicher, einschneidender Charakteristik fehlt es ihm nicht – wie sein dritter Act zur Genüge zeigt. Seine melodischen Quellen fließen etwas weniger reich. Aber auch in dieser Richtung ist der „Lobetanz“ keineswegs arm. Bestreitet er die Musik des ersten Actes zumeist mit Stimmung und Charakteristik […], so nimmt im zweiten Act die H-Dur-Melodie der Liebesscene durch edle, reine Erfindung vollends gefangen. Der dritte Act bedeutet wie dramatisch, so auch musikalisch eine große Steigerung. […] Thuilles Orchester zeichnet sich durch einen mit den sparsamsten Mitteln hervorgebrachten Farbenreichthum aus. Es entwickelt sensitive Zartheit der Klänge, die wir*

> *nur in der Instrumentation Humperdinck's oder Bizet's wiederfinden. Die Aufführung war ein Triumph für unsere Hofoper. […]*[57]

Aus dieser Kritik wird hier so ausgiebig zitiert, weil es dem Rezensenten gelingt, Thuilles allgemeine Vorzüge als Komponist treffend zu beschreiben. Tatsächlich geht es in der Musik des Tirolers nie um vordergründige Effekte. Vielleicht wären ein häufigerer Einsatz des „breiten Pinsels" und etwas mehr Effekthascherei der Wirkung der Bühnenwerke nicht abträglich gewesen, aber Thuille war ein zu ernst- und gewissenhafter Komponist. Richard Strauss jedenfalls fand Gefallen an der Oper. Zu Neujahr 1898 schrieb er dem Freund:

> *Deine famose Lobetanzpartitur hat mir heute Abend ein Paar sehr genußreiche Stunden bereitet und will ich nicht zu Bette gehen, ohne Dir dafür gedankt und Dich nochmals zu dem schönen Werke beglückwünscht zu haben. Ich verspreche mir einen sehr großen Erfolg davon und sende Dir nochmals zu einem recht ergiebigen Lobetanzneujahr meine aufrichtigsten und treuesten Wünsche […].*[58]

Schon als „Lobetanz" noch gar nicht fertig war, begann Thuille mit der Arbeit an seinem nächsten Opernprojekt – wieder auf der Basis eines Librettos von Otto Julius Bierbaum: „Gugeline." Der Uraufführung in Bremen am 6. März 1901 war kein Erfolg beschieden, nur in Darmstadt griff man das Werk auf, ebenfalls mit mäßigem Publikumserfolg. Die „Gugeline" setzte sich nie durch. Ab 1905 arbeitete

57 Gustav Schönaich, „Lobetanz. [Rezension]", in: Wiener Allgemeine Zeitung, 20.3.1901, S. 2–3.

58 Brief von Richard Strauss an Ludwig Thuille, Neujahr 1898, siehe Franz Trenner (Hrsg.), Richard Strauss – Ludwig Thuille. Ein Briefwechsel (Veröffentlichungen der Richard-Strauss-Gesellschaft München, Band 4), Tutzing 1980, S. 147.

Ludwig Thuille, Lobetanz, Klavierauszug, Mainz: Schott, 1898, Titelblatt, Tiroler Landesmuseum Ferdinandeum Innsbruck, Musiksammlung, Foto: TLM

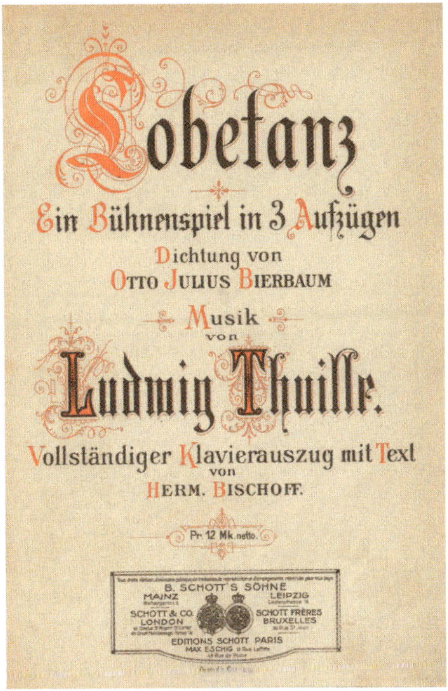

Thuille an der komischen Oper „Der Heiligenschein" auf einen Text von Ernst von Wolzogen. Ob aus der Vertonung des reichlich albernen Textes etwas geworden wäre, ob Thuille überhaupt ein Talent für das komische Fach hatte? Beides können wir nicht wirklich sagen, denn Thuille starb plötzlich, noch vor der Fertigstellung des „Heiligenscheins".

Weg von der Oper, hin zur Kammermusik

Der Misserfolg der „Gugeline" war möglicherweise der Grund dafür, dass Thuille sich von der Opernkomposition ab- und der

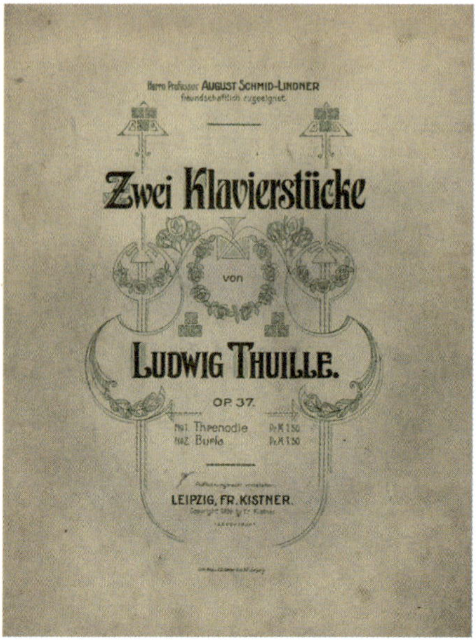

Ludwig Thuille, Threnodie op. 37/1, Leipzig: Friedrich Kistner, 1906, Titelblatt, Tiroler Landesmuseum Ferdinandeum Innsbruck, Musiksammlung, M 13222, Foto: TLM

Kammermusik zuwandte. Die Werke, die er nun in relativ rascher Abfolge vorlegte (Sonaten für Violoncello und Klavier op. 22 und für Violine und Klavier Nr. 2, op. 30, Quintett für Klavier und Streicher op. 20, Klavierstücke op. 33 und 34) markieren eine neue Stufe der kompositorischen Meisterschaft. Dies gilt zum Beispiel für die Violinsonate in c-Moll, ein Werk voller Leidenschaft und Ausdruckskraft. Vielleicht am originellsten an dieser Komposition ist die Einleitung zum ersten Satz mit vorsichtig tastenden Akkordzerlegungen in der Violine. Auch auf dem Gebiet der Musik für Klavier solo gelingen Thuille in seinen letzten Lebensjahren hervorragende Leistungen. Einige der späten Klavierstücke muten mit ihren pointierten Rhythmen fast jazzig an, manche wirken schon eher impressionistisch als spätromantisch. Immer verblüfft der harmonische Reichtum, ein Markenzeichen von Thuilles reifem Stil.

Der geniale Liedkomponist

Jede Würdigung der Leistungen von Ludwig Thuille als Komponist wäre unvollständig ohne eine ausführliche Behandlung der Liedkompositionen. Keine andere Gattung pflegte der Tiroler so intensiv, keine begleitete ihn so sehr von den Anfängen bis zum allzu frühen Lebensende.[59] Schon in seinen frühen, oft nur handschriftlich überlieferten Liedern zeigt sich eine besondere Begabung auf diesem Gebiet. Als Teil des Opus 4 veröffentlicht wurde „Ganymed", ein Lied, das den Rahmen der intimen Gattung beinahe sprengt: Die hymnische Steigerung ist sehr effektvoll und wirkt opernhaft, Wagner ist nicht fern. Ansonsten existieren aus den frühen Jahren von Thuilles kompositorischem Werdegang einige Lieder, in denen sich die Anlehnung an das Vorbild Schumann überdeutlich manifestiert. Das Opus 12 enthält u. a. eine Vertonung des Gedichtes „Die Nacht" des Tirolers Hermann von Gilm, eines Modedichters des Fin de siècle. Die Version von „Die Nacht" aus dem Opus 10 von Richard Strauss ist ungleich berühmter, aber Thuilles Vertonung fängt die Stimmung des Gedichtes vielleicht noch treffender ein. Harmonische Rückungen entfalten ihre Wirkung – die ausgefeilte und sehr moderne Harmonik ist schon in den frühen Liedern präsent, in den späteren aber wesentlich ausgeprägter. Zu den besten Leistungen Thuilles auf dem Gebiet der Liedkomposition gehören impressionistische, ausdrucksstarke Stimmungsbilder wie „Waldeinsamkeit" op. 12 Nr. 1, „Seliges Vergessen" op. 26 Nr. 3 und „Die Insel der Vergessenheit" op. 27 Nr. 4.

59 Eine repräsentative Auswahl von Liedern Thuilles bietet die CD Seliges Vergessen: Lieder von Ludwig Thuille und Richard Strauss, CD musikmuseum 66, Tiroler Landesmuseen 2023.

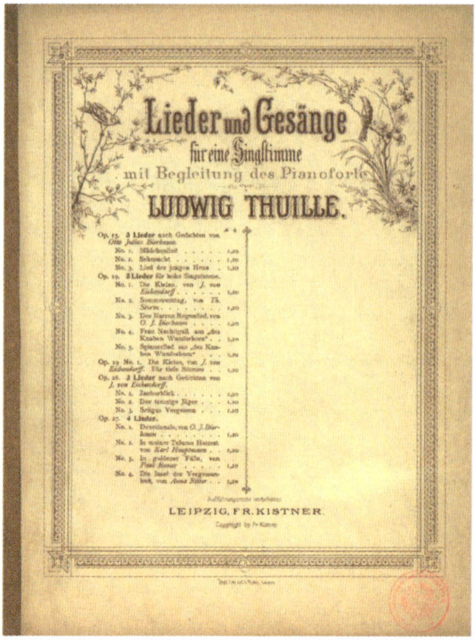

Ludwig Thuille, Seliges Vergessen, Lied für Singstimme und Klavier, op. 26/3, Leipzig: Friedrich Kistner, 1902, Titelblatt, Tiroler Landesmuseum Ferdinandeum Innsbruck, Musiksammlung, M 4162, Foto: TLM

Der Chorleiter und Chorkomponist

Es wurde bereits darauf hingewiesen, dass eines der ersten öffentlich aufgeführten Werke Ludwig Thuilles eine Chorkomposition war, der „Zwiegesang“ nach Robert Reinick (Erstaufführung Innsbruck 1879). Vier Männerchöre op. 8 entstehen in den Jahren 1890/91; im Jahr ihrer Fertigstellung übernimmt Thuille die Stelle des Chormeisters des Münchner Männergesangsvereins „Liederhort“, einer traditionsreichen Chorvereinigung. Thuille berichtet dem Freund stolz über erste Erfahrungen als Chorleiter:

> *Ich hatte jüngst mein erstes Concert mit dem Verein, eröffnete dasselbe mit Liszt und Cornelius, und machte mir den Extraspass, zur grossen Verblüffung aller anwesenden Dirigentchen der*

Traumsommernacht für vierstimmigen Frauenchor, Solo-Violine und Harfe oder Klavier, op. 25, Leipzig: F. E. C. Leuckart, Leipzig 1902, Titelblatt, © Bayerische Staatsbibliothek München

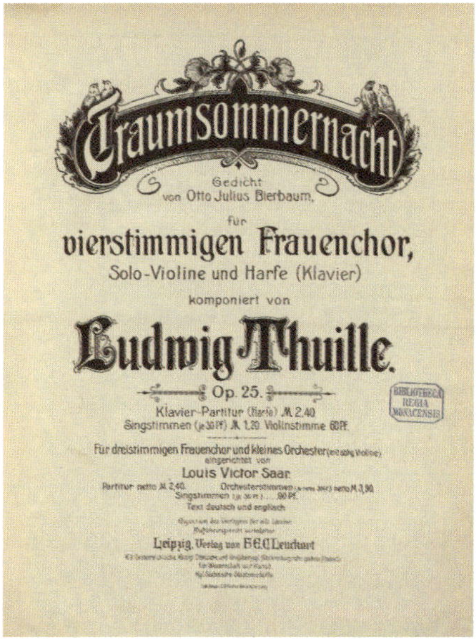

Concurrenz-Gesangvereine, sämmtliche Chöre, die allerdings nur a capella waren, auswendig zu dirigieren, und zwar mit sehr freier Temponuancierung, was mir auch ganz vorzüglich gelang. – Mein nächstes Concert (im Mai) wird Chöre mit Orchester bringen; es wird abermals den erhabenen Namen Liszt's an der Spitze führen, indem ich „An die Künstler" aufführen werde.[60]

Im späten 19. und frühen 20. Jahrhundert blühte das Laienchorwesen. Die Männerchöre bildeten einen wesentlichen Faktor im bürgerlichen Konzertbetrieb. Thuille versorgte „seinen" Chor mit – im

60 Aus einem Brief von Ludwig Thuille an Richard Strauss vom 20. Dezember 1889, hier zitiert nach: Franz Trenner (Hrsg.), Richard Strauss – Ludwig Thuille. Ein Briefwechsel (Veröffentlichungen der Richard-Strauss-Gesellschaft München, Band 4), Tutzing 1980, S. 106/107.

Vergleich zu vielen anderen damals populären Werken – sehr qualitäts- und auch anspruchsvollen Kompositionen, die in Drucken Verbreitung fanden. 1893 gastierte übrigens Thuilles Lehrer Josef Pembaur mit der Innsbrucker Liedertafel beim 25-jährigen Stiftungsfest des „Liederhortes“ in München. Thuille wurde bei diesem Anlass zum Ehrenmitglied ernannt.[61] Thuille blieb dem „Liederhort“ bis zu seinem frühen Tod treu.

Ludwig Thuille als Lehrer

Schon in jungen Jahren, als 22-Jähriger, begann Ludwig Thuille seine Unterrichtstätigkeit an seiner eigenen Ausbildungsstätte, der königlichen Musikschule in München. 1901 starb Josef Rheinberger und Thuille übernahm dessen führende Rolle. In der Musikschule unterrichtete er nun vor allem die Fächer Komposition und Kontrapunkt, aber dieses Institut bot für die individuelle Förderung von Schülerinnen und Schülern kaum Möglichkeiten. Edgar Iszel betont daher, dass Thuilles Berühmtheit als Lehrer in erster Linie auf dem Privatunterricht basierte.[62] Als Privatlehrer zog Thuille eine illustre Schülerschar an. Sein Einfluss als Kompositionslehrer und Musiktheoretiker kann nicht hoch genug eingeschätzt werden. Ihm ging es aber nie darum, seine eigenen ästhetischen Anschauungen und seinen Stil, der auf der Symbiose von Traditionalismen und fortschrittlichen Elementen basierte, seinen Schülern zu oktroyieren. Iszel bezeichnet Thuilles Lehrmethode als die „denkbar einfachste“: Die Schüler wurden zu gründlichen Kontrapunkt-Studien angehalten.

61 „Die Innsbrucker Liedertafel in München“, in: Innsbrucker Nachrichten, 8.5.1893, S. 4.

62 Edgar Iszel, „Zu Ludwig Thuilles Lehrtätigkeit“, in: Komponisten in Bayern, Band 16: Ludwig Thuille, Tutzing 1993, S. 49/50, hier S. 49.

Waren sie damit durch, dann war viel Freiheit für die individuelle Entfaltung gegeben. Entsprechend individuell und divers sind die künstlerischen Wege, die die vielen Schüler einschlugen. Ob man deshalb überhaupt von einer „Münchner Tonschule" sprechen soll und kann, ist eine berechtigte Frage. Thuilles Schüler Hermann Wolfgang von Waltershausen (1882–1954) hinterließ einen knappen Essay über die „Münchner Tonschule", der aber unter dem Eindruck der nationalsozialistischen Machtübernahme steht.[63] Entsprechend wird das spezifisch „Deutsche" der Münchner Richtung überbetont – das wird Ludwig Thuille nicht wirklich gerecht. Dennoch liefert Waltershausen in seinem Aufsatz eine sehr lebendige Schilderung des Lehrers Thuille:

> *Epochemachend war Thuille vor allem durch seine Lehrerpersönlichkeit, durch seine Fähigkeit, in die vielen gärenden Köpfe mannigfaltigster Richtungen und Zielstrebigkeiten Ordnung zu bringen. Thuille pflegte gern scherzhaft zu äußern, seine Aufgabe als Lehrer bestehe immer darin, entweder zu vergiften oder zu entgiften. So führte er je nach der ihm anvertrauten Persönlichkeit entweder zu Wagner und Strauss, oder von diesen beiden weg vor allem zum Wohltemperierten Klavier und zu Beethovens Streichquartetten. Niemals aber spannte er den Schüler in den theoretischen Schraubstock fest; vor allem war seine Überzeugung, daß man Komponieren durch Komponieren lernen konnte. So ließ er dann auch ruhig die Halbfertigen*

63 Hermann Wolfgang von Waltershausen, „Die Münchener Tonschule", Typoskript (um 1933) im Nachlass Waltershausen in der Bayerischen Staatsbibliothek München, ediert in: Komponisten in Bayern, Band 16: Ludwig Thuille, Tutzing 1993, S. 37–41. Waltershausen war übrigens in seinen gemäßigt völkisch geprägten musikästhetischen Ansichten zwar in vielem mit nationalsozialistischen Anschauungen konform, aber nicht wirklich kompatibel. Mit der „Machtergreifung" 1933 zog sich Waltershausen von seiner Lehrtätigkeit und aus dem öffentlichen Leben zurück.

> *geheimnisvollen, tiefgründigen sinfonischen Dichtungen und ihre mysteriösen Erlösungsopern schreiben; kamen sie nicht mehr vom Fleck, so ließ er sie Bleistifte spitzen und komponierte ihnen selbst etwas vor, wobei er ihnen immer die Illusion ließ, daß er ihnen nur die eigenen Werke ein wenig korrigiere. In Wirklichkeit steckt 90 Prozent des Schaffens von Ludwig Thuille in den Partituren seiner Schüler.*[64]

Thuille will seinen Schülern eine Richtung geben, ohne ihre individuellen Züge zu hemmen, Waltershausen hebt weiters Thuilles universellen Humanismus und sein Beharren auf einer geistigen Grundlage hervor.

Überblickt man die illustre Schar der Schüler Thuilles, so stechen einige große Namen heraus, nämlich Walter Braunfels (1882–1954), Ernest Bloch (1880–1959), Hermann Abendroth (1883–1956), Josef Pembaur jun. (1875–1950), Walter Courvoisier (1875–1931), Rudi Stephan (1887–1915) und Franz Mikorey (1873–1947). Allein diese Namen und die jeweiligen Biografien zeugen von der Bandbreite der Richtungen, die diese Schüler einschlugen. Derjenige, der am unmittelbarsten in Thuilles Fußstapfen trat, war Walter Courvoisier, als Mann von Ludwigs Tochter Hedwig zugleich der Schwiegersohn. Er unterrichtete ab 1910 an der Münchner Akademie der Tonkunst, der Nachfolgeinstitution der königlichen Musikschule, die Fächer Harmonielehre, allgemeine Musiklehre und Gehörbildung. Ein anderer Schüler Thuilles mit einer beachtlichen Karriere war der Dirigent und Komponist Franz Mikorey (1873–1947). Dessen Komposition „Nordische Sommernacht" für Tenor, Bariton, Männerchor und

64 Hermann Wolfgang von Waltershausen, „Die Münchener Tonschule", in: Komponisten in Bayern, Band 16: Ludwig Thuille, Tutzing 1993, S. 37–41, hier S. 38.

Orchester op. 7 ist eines der vielen Thuille gewidmeten Werke. Mikorey versah die autografe Handschrift mit der Widmung: „Herrn Professor Ludwig Thuille dankbarst gewidmet."

Es ist eine Ironie der Geschichte, dass jenes Lehrwerk, das den Namen Thuille mehr als alle Kompositionen des Tirolers im Gedächtnis der Nachwelt lebendig erhielt, erst nach seinem Tod veröffentlicht wurde, der „Thuille-Louis", die Harmonielehre, die in der Kooperation mit dem Münchner Musikschriftsteller und Kritiker Rudolf Louis (1870–1914) entstand:

> *(Von Ludwig Thuille,) dem im Februar d. Js. In München plötzlich verstorbenen Tondichters, der bekanntlich ein geborener Bozner und Schüler des Innsbrucker Musikvereines war, und daher umso näher steht, ist soeben dessen letztes Werk, die im Verein mit dem Münchner Rudolf Louis verfaßte Harmonielehre erschienen. Die ganze Literatur von Palestrina bis auf Richard Strauß (Salome) wurde durchforscht und auf neuerer Grundlage der heutigen Entwicklung der Musik Rechnung getragen. Das sehr flüssig und leicht verständliche Buch zeichnet sich durch Deutlichkeit der Darstellung, Übersichtlichkeit und durch Schärfe der begrifflichen Bestimmungen aus. Es ist im Verlage des Karl Grüninger in Stuttgart erschienen.*[65]

Der „Thuille-Louis" galt lange als Standardwerk der Harmonielehre. Die Leistung der beiden Autoren besteht vor allem anderen darin, die traditionell sehr konservative Lehre modernisiert zu haben. Dadurch, dass auch aktuelle Beispiele wie die „Salome" von Richard Strauss einbezogen wurden, dass also die Musik dreier Jahrhunderte (17.–19. Jahrhundert) in ihrer Pluralität der Möglichkeiten von

65 Innsbrucker Nachrichten, 4.5.1907, S. 17.

Zusammenklängen und Klangverbindungen erfasst wurde, holte man das traditionell konservative Fach in die Gegenwart. Hier ist nicht der Ort für eine ausführlichere Würdigung der Harmonielehre von Thuille und Louis; dazu sei auf den Beitrag von Andrew D. McCredie verwiesen.[66]

Ein viel zu früher Tod

Die Umstände von Ludwig Thuilles frühem Tod sind schnell erzählt: Am 5. Februar 1907 unterrichtet Thuille noch an der Königlichen Akademie der Tonkunst.[67] Weil er sich nicht wohlfühlt, begibt er sich nach Hause, wo er einem Herzschlag erliegt. Auch wenn Thuilles Gesundheit in den Monaten davor immer wieder angegriffen war, kam dieser Tod plötzlich und unerwartet. Beim Begräbnis in München hält Thuilles Freund und Professorenkollege an der Akademie, der Komponist und Dirigent Max von Schillings (1868–1933), die Trauerrede, zum Kondukt erklingt der Trauermarsch aus „Lobetanz".[68] In zahlreichen Zeitungen weit über München hinaus erschienen Nachrufe und Würdigungen. Gedenkkonzerte wurden abgehalten; in Innsbruck zum Beispiel integrierte der ehemalige Lehrer Ludwig Thuilles, Musikvereinsdirektor Josef Pembaur, in das Musikvereinskonzert am 1. März 1907 als Eröffnungsstück Thuilles „Romantische Ouvertüre" ausdrücklich „Zur Erinnerung an den zu früh verstorbenen tirolischen Komponisten, Professor Ludwig Thuille in München".

66 Andrew D. McCredie, „Ludwig Thuille als Kompositionslehrer und Theoretiker", in: Komponisten in Bayern, Band 16: Ludwig Thuille, Tutzing 1993, S. 43–48.

67 So lautete der Name der Institution seit 1892, zuvor „königlichen Musikschule".

68 Angaben nach Alfons Ott (Hrsg.), Richard Strauss und Ludwig Thuille: Briefe der Freundschaft 1877–1907, München 1969, S. 233.

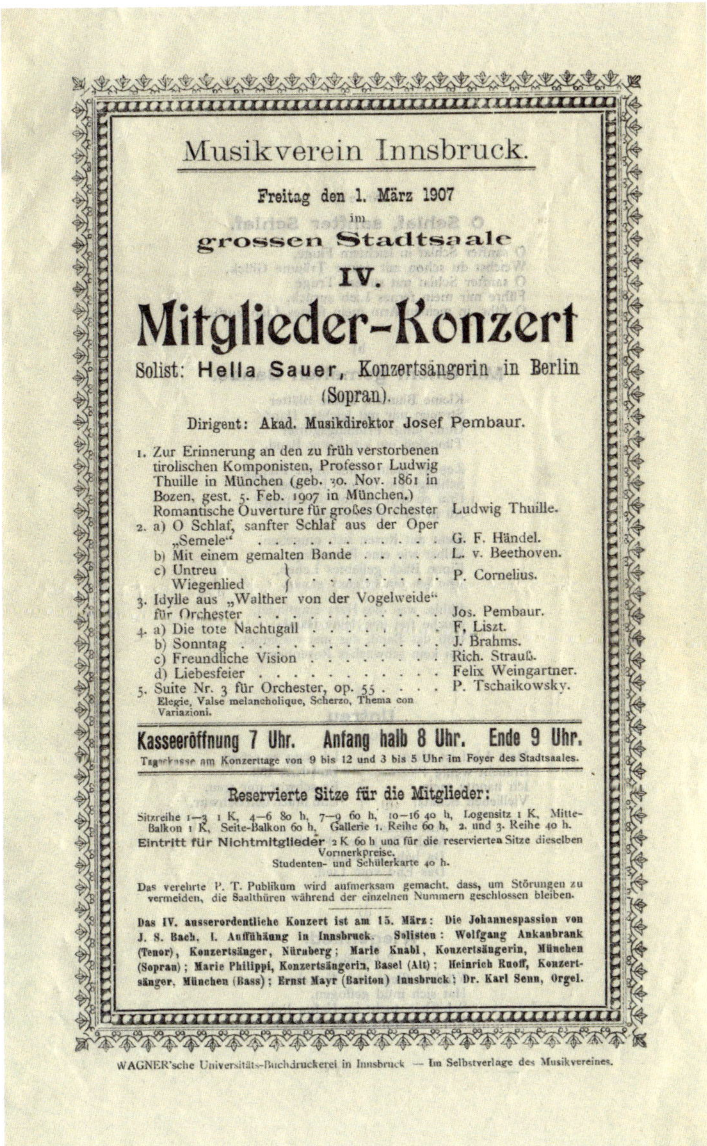

Musikverein Innsbruck.

Freitag den 1. März 1907
im
grossen Stadtsaale

IV.

Mitglieder-Konzert

Solist: **Hella Sauer**, Konzertsängerin in Berlin (Sopran).

Dirigent: Akad. Musikdirektor Josef Pembaur.

1. Zur Erinnerung an den zu früh verstorbenen tirolischen Komponisten, Professor Ludwig Thuille in München (geb. 30. Nov. 1861 in Bozen, gest. 5. Feb. 1907 in München.) Romantische Ouverture für großes Orchester — Ludwig Thuille.
2. a) O Schlaf, sanfter Schlaf aus der Oper „Semele" . . . . G. F. Händel.
   b) Mit einem gemalten Bande . . . . . L. v. Beethoven.
   c) Untreu / Wiegenlied . . . . P. Cornelius.
3. Idylle aus „Walther von der Vogelweide" für Orchester . . . . Jos. Pembaur.
4. a) Die tote Nachtigall . . . . . . F. Liszt.
   b) Sonntag . . . . J. Brahms.
   c) Freundliche Vision . . . . Rich. Strauß.
   d) Liebesfeier . . . . Felix Weingartner.
5. Suite Nr. 3 für Orchester, op. 55 . . . . P. Tschaikowsky.
   Elegie, Valse melancholique, Scherzo, Thema con Variazioni.

Kasseeröffnung 7 Uhr. Anfang halb 8 Uhr. Ende 9 Uhr.

Tageskasse am Konzerttage von 9 bis 12 und 3 bis 5 Uhr im Foyer des Stadtsaales.

Reservierte Sitze für die Mitglieder:

Sitzreihe 1–3 1 K, 4–6 80 h, 7–9 60 h, 10–16 40 h, Logensitz 1 K, Mitte-Balkon 1 K, Seite-Balkon 60 h, Gallerie 1. Reihe 60 h, 2. und 3. Reihe 40 h.

Eintritt für Nichtmitglieder 2 K 60 h und für die reservierten Sitze dieselben Vormerkpreise.

Studenten- und Schülerkarte 40 h.

Das verehrte P. T. Publikum wird aufmerksam gemacht, dass, um Störungen zu vermeiden, die Saalthüren während der einzelnen Nummern geschlossen bleiben.

Das IV. ausserordentliche Konzert ist am 15. März: Die Johannespassion von J. S. Bach. I. Auffühäung in Innsbruck. Solisten: Wolfgang Ankanbrank (Tenor), Konzertsänger, Nürnberg; Marie Knabl, Konzertsängerin, München (Sopran); Marie Philippi, Konzertsängerin, Basel (Alt); Heinrich Ruoff, Konzertsänger, München (Bass); Ernst Mayr (Bariton) Innsbruck; Dr. Karl Senn, Orgel.

WAGNER'sche Universitäts-Buchdruckerei in Innsbruck — Im Selbstverlage des Musikvereines.

Programmzettel zum Gedenkkonzert des Innsbrucker Musikvereins für Ludwig Thuille, Musiksammlung des Tiroler Landesmuseums Ferdinandeum Innsbruck, KP 386, Foto: TLM

Die Beziehungen der Familie Strauss zu Tirol: einige Streiflichter

Der Vater von Richard Strauss, Franz, war Solohornist des königlich-bayerischen Hoforchesters in München und ein bekannter Virtuose auf seinem Instrument. Er heiratete 1863 zum zweiten Mal, nämlich Josephine, eine von fünf Töchtern von Georg Pschorr dem Älteren, dem Münchner „Bierbaron". Als Tochter aus begütertem Haus war Josephine für Franz Strauss eine „gute Partie". Die Bierbrauerstochter war in einem kunstsinnigen Milieu groß geworden und teilte die Liebe ihres Mannes zur Musik. Am 11. Juni 1864 kam Richard Strauss in der bayerischen Haupt- und Residenzstadt, genauer gesagt am Altheimereck, im Rückgebäude der Pschorr-Brauerei, zur Welt.

Auftritte von Franz Strauss in Innsbruck

Von 1854 bis 1861 hielt sich der Tiroler Komponist Matthäus Nagiller hauptsächlich in München auf[69]. Er wurde 1815 als Bauernsohn in Münster im Tiroler Unterland geboren. Sein musikalisches Talent wurde vom Münsterer Gemeindearzt entdeckt und Nagiller erhielt zunächst beim Schwazer Pfarrchorregenten Georg Benedikt Pichler (1800–1882), von 1834 bis 1836 am Innsbrucker Musikverein bei P. Martin Goller (1765–1836) und von 1837 bis 1842 am Konservatorium der Gesellschaft der Musikfreunde in Wien bei Gottfried Preyer Unterricht. Nach dem Abschluss seiner Studien ging er nicht zurück nach Tirol, sondern er übersiedelte nach Paris, wo er sich bald einen guten Ruf als Kompositionslehrer erwarb. In der französischen Metropole gründete Nagiller einen Mozart-Verein zur Pflege

69 Zu Nagiller siehe Franz Gratl, „Matthäus Nagiller im Tiroler Lehrerorganisten-Milieu des 19. Jahrhunderts. Ein Beitrag zum 200. Geburtstag des Komponisten", in: Wolfgang Meighörner (Hg.), „Was Hänschen nicht lernt ..." (Studiohefte 26), Beiheft zur Ausstellung im Museum im Zeughaus, 27. November 2015–13. März 2016, Innsbruck 2015, S. 36–49.

„deutscher“ (also nach damaligem Verständnis auch österreichischer) Musik. Die Wirren der 1848er-Revolution veranlassten Nagiller dazu, Paris und Frankreich den Rücken zu kehren. In den folgenden 14 Jahren war er als freier Musiker und Komponist in seiner Tiroler Heimat und in München tätig, ehe ihm 1862 die Leitung des Musikvereins in Ludwig Thuilles Heimatstadt Bozen übertragen wurde. In der Zeit seines mehrjährigen Münchner Aufenthalts dürfte er sich mit Franz Strauss angefreundet haben. Später entwickelte sich auch eine Freundschaft zwischen Josephine Strauss und Nagillers Frau Pauline geb. Cruse. Matthäus Nagiller und Pauline Cruse, Ludwig Thuilles schon erwähnte spätere Mäzenin, hatten 1865 in Hamburg geheiratet. Als Nagiller 1866 die Direktion des Innsbrucker Musikvereins übernahm, holte er Franz Strauss im Zweijahresrhythmus als Gastmusiker und Solist nach Innsbruck und nutzte sicher jedes Mal die Gelegenheit, die Freundschaft mit dem Münchner Hofmusiker und seiner Familie zu pflegen.

Am 19. November 1867 trat Franz Strauss im Rahmen eines Konzertes des Innsbrucker Musikvereins unter der Leitung Matthäus Nagillers im „kais. kön. grossen Redouten-Saale“ auf. Das Programm, bei dem auch der Akademische Gesangsverein und die Innsbrucker Liedertafel mitwirkten, umfasste neben einer Symphonie von Haydn das zwei Jahre zuvor vollendete Hornkonzert in c-Moll für Horn und Orchester, den „Altdeutschen Schlachtgesang“ von Julius Rietz, das Notturno op. 7 für Horn und Orchester von Franz Strauss und die „Trompeten-Ouvertüre“ von Felix Mendelssohn Bartholdy. In seinen Kompositionen wirkte Franz Strauss als Solist mit und erntete Begeisterungsstürme, wie der Rezensent des „Tiroler Volksblattes“ anmerkte:

> *Das Programm bot den Vereinsmitgliedern diesmal einen außerordentlichen Genuß. Herr Franz Strauß, erster Hornist der königl.*

Hofkapelle in München, spielte zwei von ihm selbst componirte Piecen: Konzert für Horn mit Orchesterbegleitung und Nocturno für Horn und Pianobegleitung. Nicht darauf, w a s Herr Strauß spielte, sondern w i e er es spielte, legen wir den Nachdruck. Wir sind in der That in der Verlegenheit, ob wir der technischen Meisterschaft, dem schönen Tone besonders im Piano oder dem seelenvollen Vortrag größeres Lob spenden sollten. Das Publikum ehrte den Meister durch begeisterten Applaus.[70]

Auch der zweite Gastauftritt von Franz Strauss im Innsbrucker Musikvereinskonzert vom 9. April 1869 sorgte für außergewöhnlichen Enthusiasmus:

Das zwischen diese ätherischen Tondichtungen eingefügte von Herrn Franz Strauß aus München wundervoll schön und edel vorgetragene Adagio für das Horn v. W. A. Mozart rief einen wahren Beifallssturm hervor.[71]

Wieder zwei Jahre später, am 21. März 1871, war Franz Strauss wieder in Innsbruck zu Gast und begeisterte mit einem Mozart-Hornkonzert:

Von allen Seiten freudigst bewillkommt, trat sodann Herr Franz Strauß aus München, von früheren Concerten bereits in bestem Andenken, an das Pult. Er trug das schöne Concert für das Waldhorn mit Orchester von W. A. Mozart mit einer Vollendung vor, welche die Zuhörer nach jedem der drei Sätze zu stürmischem Applause hinriß.[72]

70 Tiroler Volksblatt, 27.11.1867, S. [4] (Original unpaginiert).

71 Innsbrucker Tagblatt, 13.4.1869, S. 355.

72 Innsbrucker Tagblatt, 27.3.1871, S. 3.

Etwas mehr als ein Jahr später, am 12. Juni 1872, holte Matthäus Nagiller seinen Freund Franz Strauss noch einmal nach Innsbruck. Wieder brillierte der Hornvirtuose in einem Mozart-Konzert:

> *[...] nicht minder wurde Herr Professor Franz Strauß, Mitglied der Münchener Hofkapelle, für den wahrhaft herrlichen Vortrag des Waldhorn-Konzertes op. 92 von Mozart mit Beifall überschüttet. Alle drei Sätze sind voll der geistreichsten Züge des großen Mozart; es gehört eben nur ein Künstler wie ein Strauß dazu, dieselbe in's rechte Licht zu stellen.*[73]

Aus der Zeit dieses Konzertes überliefert die Schwester von Richard Strauss, Johanna von Rauschenberger-Strauß, einen amüsanten und aufschlussreichen Brief des achtjährigen Richard an seinen Vater in Innsbruck, in welchem er dem Vater ausrichtet: „Lieb's, gut's Vaterl! [...] Wie ist denn das Mozartische Hornkonzert gegangen ich habe den Daumen so fest wie möglich gehalten." Am Schluss sendet er „Viele Grüße von Mama, Hannerl, Fanny an Dich, Herrn und Frau Nagiller".[74] Für den kleinen Richard waren „Herr und Frau Nagiller" also alte Bekannte.

Bis zum nächsten Auftritt von Franz Strauss in Innsbruck dauerte es aber sechs Jahre. Mittlerweile war Matthäus Nagiller gestorben, Josef Pembaur hatte schon seit vier Jahren die Leitung des Musikvereins inne. Am 15. Oktober 1878 kam es zu einer musikalischen Begegnung von Strauss und Pembaur: Gemeinsam mit dem Sänger Ludwig Glötzle (1847–1929) und dem königlich-bayerischen Konzertmeister

73 Innsbrucker Tagblatt, 5.7.1872, S. 3.

74 Zitiert nach Johanna v. Rauchenberger-Strauss: Jugenderinnerungen, in: Richard-Strauss-Jahrbuch 1959/60, Bonn 1960, S. 7–30, hier S. 10/11.

Benno Walter (1847–1901)[75] gaben die beiden ein Kammerkonzert im Innsbrucker k. k. Nationaltheater. Der Rezensent des „Tiroler Tagblattes" ist wieder voll des Lobes für den Hornsolisten:

> *Die Leistungen des kgl. Kammermusikers, Herrn Franz Strauß, eines der besten Hornisten der Gegenwart, waren staunenswerth für den Laien und hauptsächlich für denjenigen, der die Schwierigkeiten kennt, welche die Behandlung des Horns bietet.*[76]

Sommerfrisch- und Erholungs-Aufenthalte der Familie Strauss

Ab 1872 verbrachte die Familie Strauss mehrere Sommer (1872–1880) in Sillian im Osttiroler Teil des Hochpustertales. Sillian war damals längst nicht so mondän wie das nahe Toblach mit seinem Grand Hotel, dafür sehr ländlich geprägt und ursprünglich. Die „Sommerfrische" war gerade in Mode gekommen und die Erholung in den Bergen für eine Münchner großbürgerliche Familie fast ein Muss. Die Straussens wohnten im noch heute existierenden Gasthaus Schwarzer Adler[77] und unternahmen von Sillian aus Wanderungen in die Berge der Umgebung, manchmal sogar richtige Bergtouren. Richards Schwester Johanna erinnerte sich später:

> *Meine Eltern verbrachten wegen der Gesundheit meines Vaters, der durch das Hornblasen asthmatisch geworden war, den Sommer*

75 Benno Walter war ein Cousin von Franz Strauss.

76 Tiroler Tagblatt, 17.10.1878, S. 2.

77 Dieses Gasthaus existiert bis heute. An dem Gebäude ist eine Gedenktafel zur Erinnerung an diese Sommerfrisch-Aufenthalte angebracht.

möglichst im Hochgebirge. Viele Jahre gingen sie nach Toblach oder, für die zarten Nerven meiner Mutter, nach Sillian. Sillian war für uns der Inbegriff aller Wonnen. Schon die Fahrt über den Brenner, die vielen Tunnels, die Kehrtunnels, das war vor siebzig Jahren das reinste Wunder! Dann machten wir Fahrten im Wagerl in die einsamen Täler nach Cortina, wohin damals schon eine berühmte Straße führte. [...] Richard durfte mit dem Vater auch Bergtouren machen, so nach Heiligenblut und der Franz-Josephs-Höhe. Der Anblick des Großglockners und Taufers mit dem Schwarzenstein-gletscher boten unvergeßliche Eindrücke. Große Anziehungskraft übte der Forellenfang in der Drau auf meinen Bruder aus; und auch die Ausflüge in die benachbarten Alpentäler, um Alpenrosen und Edelweiß zu holen, sorgten für immer neue Abwechslung.[78]

1878 schreibt der 14-jährige Richard Strauss seinem Freund Ludwig Thuille einen Brief aus Sillian, der uns einen leider nur sehr rudimentären Eindruck vom Landleben der Familie Strauss vermittelt:

[...] Jetzt endlich erbarme ich mich dein und will von Sillian aus dir Nachricht von mir geben. Wir sind alle sehr vergnügt und gesund, ich fahre fleißig, gehe spazieren und unterhalte mich exquisit. Du wirst entschuldigen, dass ich nicht schreibe. Du weißt, wie es am Lande geht. [...] Mit den herzlichsten Grüßen an Dich

Dein
Dich innig liebender Freund
Richard.

78 Johanna v. Rauchenberger-Strauss: Jugenderinnerungen, in: Richard-Strauss-Jahrbuch 1959/60, Bonn 1960, S. 7–30, hier S. 26.

> *Ich spiele hier Orgelsonaten von Mendelssohn an der hiesigen Orgel, wir spielen Trios und Quartetts, was mir sehr viel Spaß macht.*[79]

Offenbar wurde auch in der Sommerfrische eifrig musiziert. In Sillian erzählt man sich die Geschichte, dass der Wirt des Gasthofs „Schwarzer Adler“, Josef Leiter aus Villgraten, eigens für die musikalischen Aktivitäten von Richard Strauss und seiner Familie ein Klavier anschaffte, das erste im Ort. Richard habe sich bedankt, indem er Ludwig Uhlands Gedicht „Einkehr“ („Bei einem Wirte wundermild, da war ich jüngst zu Gaste“) vertonte.[80] Diese Geschichte wird von Richards Schwester Johanna in ihren Lebenserinnerungen bestätigt. Sie schildert die musikalischen Unterhaltungen in Sillian folgendermaßen:

> *Der Wirt vom „Schwarzen Adler“ in Sillian, Herr Leiter, hatte damals auf inständiges Bitten Richards ein Klavier angeschafft. In der Kirche spielte Richard Orgel und mit andern Sommerfrischlern stellte er ein Quartett zusammen. Alles das war herrlich und lebt noch heute frisch in meinem Gedächtnis.*[81]

Dass Strauss in der Dekanatspfarrkirche Sillian, einem damals noch in der Grundsubstanz auf den berühmten, aus München stammenden Innsbrucker Hoforgelmacher Daniel Herz (1618–1678)

79 Zitiert nach: Franz Trenner (Hrsg.), Richard Strauss – Ludwig Thuille. Ein Briefwechsel (Veröffentlichungen der Richard-Strauss-Gesellschaft München, Band 4), Tutzing 1980, S. 51.

80 Maria Huber-Wanner, „Der ‚Schwarze Adler‘ Feriendomizil der Familie Richard Strauß [sic]“, in: Einblick [Gemeindezeitung Sillian], S. 23–26, hier vor allem S. 26, weiters; Karl Tschurtschenthaler, „Sillian war der Inbegriff aller Wonnen“. Der bekannte deutsche Komponist und Dirigent Richard Strauss (1864–1949) weilte mehrere Sommer lang in Sillian“, S. 3–5. Strauss vertonte Uhlands „Einkehr“ zweimal; für Sillian kommt wohl eher das rustikale Lied WoO 3 in Frage, nicht op. 47 Nr. 4.

81 Johanna v. Rauchenberger-Strauss: Jugenderinnerungen, in: Richard Strauss-Jahrbuch 1959/60, Bonn 1960, S. 7–30, hier S. 26.

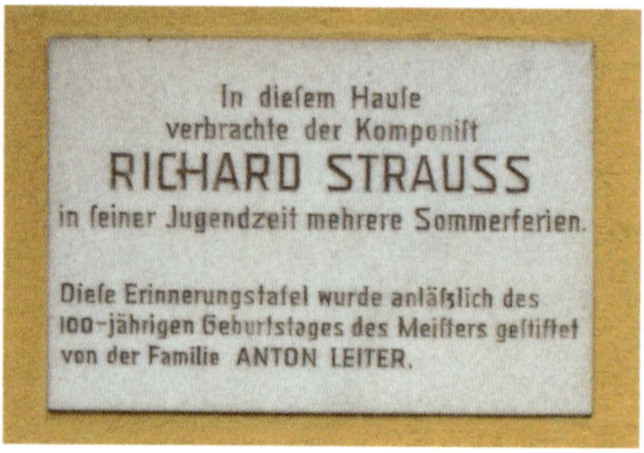

Richard-Strauss-Gedenktafel am Gasthof Schwarzer Adler in Sillian, Quelle: Wikimedia Commons

zurückgehenden Instrument, Mendelssohn-Sonaten, also Werke mit obligatem Pedal, spielen konnte, ist alles andere als selbstverständlich. In den meisten Kirchen Tirols standen damals Orgelinstrumente, die sich nicht zur Ausführung dieser Kompositionen eigneten, zumeist mangels geeigneter, vollchromatischer Pedalklaviatur.

Richard Strauss hielt sich auch später immer wieder an verschiedenen Orten in Tirol auf, zu Erholungszwecken oder auf der Durchreise. Im November 1895 schrieb er Ludwig Thuille aus dessen Geburtsort Bozen eine sehr humorige Postkarte, auf der auch die Freunde Max von Schillings und Felix von Rath unterschrieben.[82] Mit beiden besuchte Strauss das Geburtshaus des Freundes. Die „Gardasee-Post“ berichtete am 22. Februar 1908 aus Gries Bei Bozen: „Seit einigen Tagen weilt auch der berühmte Komponist Dr. Richard Strauss hier.“[83]

Die Eindrücke der Sommerfrisch-Aufenthalte in Sillian und die Aufenthalte in der Bergwelt prägten Richard Strauss sicher sehr und trugen dazu bei, dass er 1908 das Alpenstädtchen Garmisch als Domizil wählte.

82 Postkarte mit Poststempel Bozen, 23. November 1895, siehe Franz Trenner (Hrsg.), Richard Strauss – Ludwig Thuille. Ein Briefwechsel (Veröffentlichungen der Richard-Strauss-Gesellschaft München, Band 4), Tutzing 1980, S. 141/142.

83 Gardasee-Post, 22.2.1908, S. 6.

Erste Aufführungen der Werke von Richard Strauss in Tirol

Die erste nachweisbare öffentliche Aufführung eines Werkes von Richard Strauss in Innsbruck fand im Rahmen eines Konzertes des Musikvereins unter Josef Pembaurs Leitung am 1. April 1884 im großen Redoutensal statt. Gespielt wurde die Konzert-Ouvertüre in c-Moll TrV 125. Richard schreibt in einem Brief vom 13. Januar 1884 an seinen Freund Ludwig Thuille: „Morgen werde ich meine Ouverture an Pembaur schicken und bin gespannt, wie sie den Innsbruckern gefallen wird".[84] Der Rezensent der „Innsbrucker Nachrichten" ist offensichtlich mit der Modernität dieses Stückes überfordert:

> *Die Schlußnummer, die Concertouverture in C-moll von Richard Strauß in München, bildet gegen obiges Werk [Mozarts Symphonie in g-Moll KV 550] einen Contrast, wie er kaum greller in jeder Beziehung gedacht werden kann. Schwierig besonders in den Streichinstrumenten, im Blechbläserchor überladen, unruhig in den Motiven und deshalb vorzüglich in der Durchführung derselben hinterläßt die Ouverture keinen besonders günstigen Eindruck.*[85]

In den Folgejahren standen Werke von Richard Strauss in Innsbruck nur sporadisch auf dem Programm, meist Lieder. Für das konservative Tirol erstaunlich ist, dass ein „L. G. Oberlaender" in einem „Münchner Brief" im Feuilleton der „Innsbrucker Nachrichten" schon 1906 der damals in München Furore machenden Strauss'schen „Salome"

84 Zitiert nach Franz Trenner (Hrsg.), Richard Strauss – Ludwig Thuille. Ein Briefwechsel (Veröffentlichungen der Richard-Strauss-Gesellschaft München, Band 4), Tutzing 1980, S. 75.

85 Innsbrucker Nachrichten, 5.4.1884, ohne Seitenangabe.

durchaus positive Seiten abgewinnen konnte – im erzkatholischen, sehr konservativen Tirol wäre eine Aufführung damals sicher noch undenkbar gewesen[86]. Ab den 1910er Jahren häuften sich die Aufführungen der Werke von Richard Strauss in Tirol, wie den Konzertprogrammen und der Presse zu entnehmen ist. Die zunehmende und immer enthusiastischere Strauss-Rezeption gipfelte 1931 in einem Fest für den Komponisten in seiner Gegenwart.

Das große Innsbrucker „Richard-Strauß-Fest" 1931

Am 2. und 3. Juni des Jahres 1931 veranstaltete die „Konzertdirektion Edgar Lewis" zum krönenden Abschluss ihrer jahrelangen Tätigkeit im Veranstaltungswesen in Innsbruck ein großes „Richard-Strauß-Fest". Mittlerweile war man sich auch in Tirol über die Bedeutung des bayerischen Komponisten und Dirigenten im Klaren:

> *Richard Strauß ist der größte Dirigent der Gegenwart, der nicht durch große, für das Publikum berechnete Gesten, sondern durch seine große suggestive Kraft und Überlegenheit dem mit ihm musizierenden Apparat seine Intentionen kundgibt. Langjährige Erfahrungen als Dirigent wie als Komponist haben ihn jedenfalls zu dieser Klarheit der Ausdrucksform gebracht. Also wird man in Innsbruck in Richard Strauß nicht nur den bedeutendsten Tondichter seit Richard Wagner, sondern auch einen der bedeutendsten Dirigenten begrüßen dürfen, die jemals der Welt geschenkt worden sind.*[87]

86 L. G. Oberlaender, „Münchner Brief", in: Innsbrucker Nachrichten, 18.12.1906, S. 1/2.

87 Innsbrucker Nachrichten, 27.5.1931, S. 9.

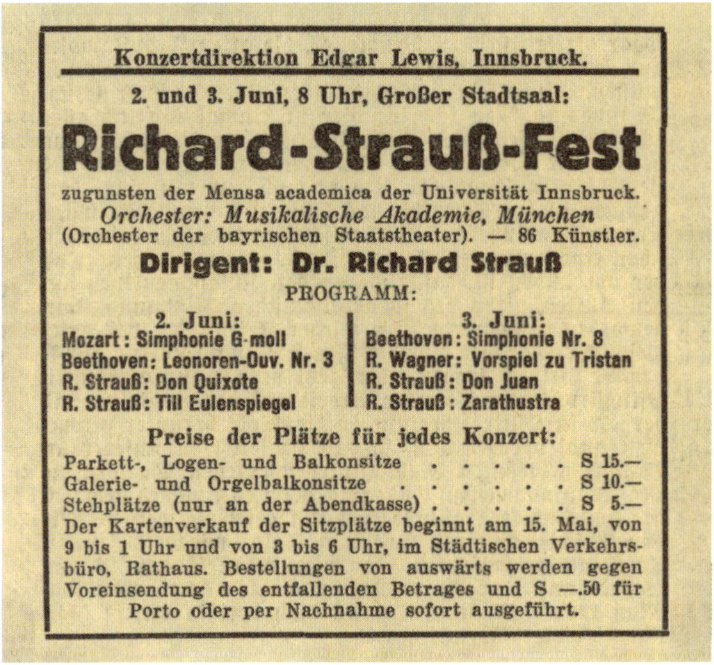

Konzertdirektion Edgar Lewis, Innsbruck.

2. und 3. Juni, 8 Uhr, Großer Stadtsaal:

Richard-Strauß-Fest

zugunsten der Mensa academica der Universität Innsbruck.

Orchester: Musikalische Akademie, München

(Orchester der bayrischen Staatstheater). — 86 Künstler.

Dirigent: Dr. Richard Strauß

PROGRAMM:

2. Juni:	3. Juni:
Mozart: Simphonie G-moll	Beethoven: Simphonie Nr. 8
Beethoven: Leonoren-Ouv. Nr. 3	R. Wagner: Vorspiel zu Tristan
R. Strauß: Don Quixote	R. Strauß: Don Juan
R. Strauß: Till Eulenspiegel	R. Strauß: Zarathustra

Preise der Plätze für jedes Konzert:

Parkett-, Logen- und Balkonsitze . . . . . . S 15.—
Galerie- und Orgelbalkonsitze . . . . S 10.—
Stehplätze (nur an der Abendkasse) . . . . . S 5.—

Der Kartenverkauf der Sitzplätze beginnt am 15. Mai, von 9 bis 1 Uhr und von 3 bis 6 Uhr, im Städtischen Verkehrsbüro, Rathaus. Bestellungen von auswärts werden gegen Voreinsendung des entfallenden Betrages und S —.50 für Porto oder per Nachnahme sofort ausgeführt.

Ankündigung des „Richard-Strauß-Festes", Innsbrucker Nachrichten, 27.5.1931, S. 9, Foto: TLM

Die Festveranstaltung zu Ehren von Richard Strauss stand unter dem Ehrenschutz des Tiroler Landeshauptmannes Franz Stumpf und des Innsbrucker Bürgermeisters Franz Fischer. Strauss kam selbst nach Innsbruck, um das Orchester „Musikalische Akademie, München" (das Orchester der bayerischen Staatstheater) zu dirigieren, überließ aber die Programmabfolge der beiden Konzertabende der „Konzertdirektion Edgar Lewis". Auf dem Programm standen am ersten Abend neben Mozarts großer g-Moll-Symphonie KV 550 und der Leonoren-Ouvertüre Nr. 3 von Ludwig van Beethoven die Symphonischen Dichtungen „Don Quixote" (eine Erstaufführung in Innsbruck) und „Till Eulenspiegels lustige Streiche". Am zweiten Abend wurden neben Beethovens Symphonie Nr. 8 und Wagners Tristan-Vorspiel der „Don

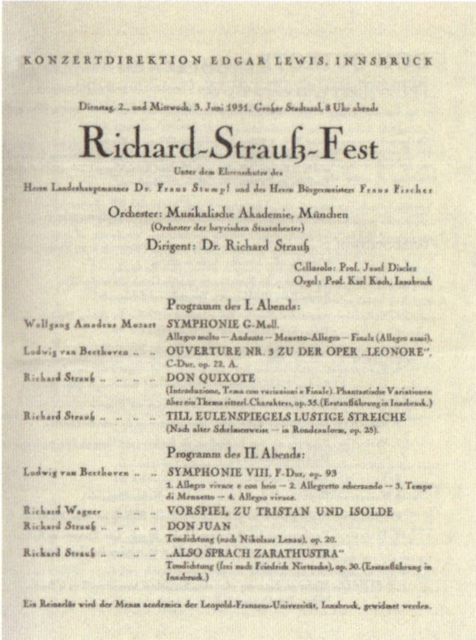

KONZERTDIREKTION EDGAR LEWIS, INNSBRUCK

Dienstag, 2., und Mittwoch, 3. Juni 1931, Großer Stadtsaal, 8 Uhr abends

Richard-Strauß-Fest

Unter dem Ehrenschutze des
Herrn Landeshauptmannes Dr. Franz Stumpf und des Herrn Bürgermeisters Franz Fischer

Orchester: Musikalische Akademie, München
(Orchester der bayrischen Staatstheater)

Dirigent: Dr. Richard Strauß

Cellosolo: Prof. Josef Disclez
Orgel: Prof. Karl Koch, Innsbruck

Programm des I. Abends:

Wolfgang Amadeus Mozart — SYMPHONIE G-Moll.
Allegro molto – Andante – Menetto-Allegro – Finale (Allegro assai).

Ludwig van Beethoven — OUVERTURE NR. 3 ZU DER OPER „LEONORE", C-Dur, op. 72. A.

Richard Strauß — DON QUIXOTE
(Introduzione, Tema con variazioni e Finale). Phantastische Variationen über ein Thema ritterl. Charakters, op. 35. (Erstaufführung in Innsbruck.)

Richard Strauß — TILL EULENSPIEGELS LUSTIGE STREICHE
(Nach alter Schelmenweise – in Rondeauform, op. 28).

Programm des II. Abends:

Ludwig van Beethoven — SYMPHONIE VIII, F-Dur, op. 93
1. Allegro vivace e con brio – 2. Allegretto scherzando – 3. Tempo di Menuetto – 4. Allegro vivace.

Richard Wagner — VORSPIEL ZU TRISTAN UND ISOLDE

Richard Strauß — DON JUAN
Tondichtung (nach Nikolaus Lenau), op. 20.

Richard Strauß — „ALSO SPRACH ZARATHUSTRA"
Tondichtung (frei nach Friedrich Nietzsche), op. 30. (Erstaufführung in Innsbruck.)

Ein Reinerlös wird der Mensa academica der Leopold-Franzens-Universität, Innsbruck, gewidmet werden.

Programmheft zum „Richard-Strauß-Fest" 1931 in Innsbruck (Ausschnitt), Tiroler Landesmuseum Ferdinandeum Innsbruck, Bibliothek, Foto: TLM

Juan" und „Also sprach Zarathustra" (wiederum eine Innsbrucker Erstaufführung) präsentiert. Für das Fest wurden besonders schöne und aufwendige Konzertprogramme gedruckt, was in einem eigenen kurzen Zeitungsartikel hervorgehoben und begründet wurde:

> *Die Programmtexte, auf deren Ausstattung diesmal in Anbetracht des festlichen Charakters der Konzerte ganz besonderer Wert gelegt wurde, stellen wohl das Schönste dar, das jemals im Konzertsaal geboten wurde. Das Studium der Programmtexte ist von größter Wichtigkeit, weil sie die Dichtungen enthalten, die Richard Strauß zu seinen großen sinfonischen Dichtungen begeistert haben.*[88]

88 Innsbrucker Nachrichten, 28.5.1931, S. 9.

In dieser Zeitungsnotiz wird weiters darauf hingewiesen, dass Strauss für die Konzerte besonders viele (für Innsbruck jedenfalls ungewohnt viele) Proben angesetzt habe. Entsprechend musikalisch befriedigend waren die Konzerte. Der Rezensent der „Deutschen Volkszeitung“, Otto Winter, ringt um Worte für seine Begeisterung:

> *Ein großer Meister war unter uns und hat uns in wenigen Stunden eine Welt geschenkt. Richard Strauß, der größte Tondichter unserer Zeit und zugleich einer der berühmtesten Meister vom Dirigentenstab stand hier an der Spitze eines ausgezeichneten Orchesters, das ihm freudiges und ergebenes Instrument seiner Gedanken war. Auch der besten Feder dürfte es wohl versagt sein, in der Form einer bescheidenen Rezension jene Vielheit gewaltiger, erhebender, oft überdimensionaler Eindrücke auch nur annähernd wiederzugeben, die den vorurteilslosen Hörer in den zwei Abenden dieses Festes vollständig in Bann hielten. Wahrlich ein Fest durch Strauß, der im Rahmen eines Programms, das allein schon auch das verwöhnteste Konzertpublikum zu begeistern vermöchte, aus dem Füllhorn seiner Werke und seiner Ideen zu den Werken anderer Meister freudig Geschenke fließen ließ. [...] Es erübrigt sich wohl, auszuführen, daß der Meister an beiden Abenden von den begeisterten Zuhörern stürmisch bejubelt wurde. [...]*[89]

Das Innsbrucker „Richard-Strauß-Fest“ war ein großes Ereignis im städtischen Musikleben Innsbrucks, ein eindrucksvoller Beleg dafür, dass man mittlerweile auch in Tirol – so wie allgemein – den Münchner als bedeutendsten deutschen Komponisten der Gegenwart sah.

89 Otto Winter, Richard-Strauß-Fest, in: Deutsche Volkszeitung, 6.6.1931, S. 15.

„Liebster, treuster Freund!“: Aspekte der Künstlerfreundschaft zwischen Thuille und Strauss

Die wichtigste Quelle zur Künstlerfreundschaft von Richard Strauss und Ludwig Thuille ist der Briefwechsel, der 1877 einsetzt und bis zu Thuilles frühem Tod 1907 anhält. Schon im Jahr 1969 veröffentlichte Alfons Ott alle für ihn damals greifbaren Briefe und ergänzte sie mit einem biografischen Abriss zu Ludwig Thuille.[90] 1980 folgte die Publikation von Franz Trenner, die wesentliche Ergänzungen lieferte, vor allem in Form von Briefen diverser Provenienz.[91]

Wann sich Ludwig Thuille und Richard Strauss zum ersten Mal begegnet sind, ist nicht ganz sicher. Richards Schwester Johanna behauptet in ihren Erinnerungen, dass die erste Begegnung schon 1872 stattfand:

> *Es sei hier eine Schilderung eingeschoben, wie das Schicksal meinen Bruder mit dem fast gleichaltrigen Ludwig Thuille aus Tirol zusammengeführt hat. Meine Eltern besaßen liebe Freunde in Innsbruck, zu denen außer dem Vater des berühmten Liszt-Schülers, Professor Pembaur, auch eine Familie Nagiller gehörte. Bei ihnen waren wir verschiedentlich zu Besuch. Durch Frau Nagiller, die eine besonders liebe Freundin meiner Mutter war, hörte diese von einem besonders begabten Knaben, einer zweifachen Waise, die man in ein Kloster aufgenommen habe. Er spiele hervorragend Klavier und Orgel.*
> *Von dem Gedanken erfüllt, das sei für Richard ein besonders netter Umgang, wegen der gemeinsamen Liebe zur Musik, lud Mama den neuen Freund zu uns nach München ein. Das war im Jahre 1872 und Richard war damals acht und Ludwig Thuille elf Jahre alt.*

90 Alfons Ott (Hrsg.), Richard Strauss und Ludwig Thuille: Briefe der Freundschaft 1877–1907, München 1969.

91 Franz Trenner, Richard Strauss – Ludwig Thuille. Ein Briefwechsel (Veröffentlichungen der Richard-Strauss-Gesellschaft München, Band 4), herausgegeben von Franz Trenner, Tutzing 1980.

> *Aus dieser ersten Begegnung entstand still die innigste Freundschaft. Auf Vaters Bemühungen hin wurde Ludwig in die Musikschule aufgenommen, und Mama bot alles auf, um ihm das Elternhaus zu ersetzen; er war wie ein Kind zu Hause.*[92]

Die Angabe, dass Richard und Ludwig schon 1872 Freundschaft schlossen, ist kaum plausibel, weil sich Pauline Nagiller und ihr zukünftiger Schützling höchstwahrscheinlich erst 1876 begegneten. Außerdem fand die erwähnte Aufnahme in die königliche Musikschule erst 1879 statt, also viel später. Die erste nachweisbare Begegnung zwischen dem 13-jährigen Richard und dem 15-jährigen Ludwig fand im September 1877 in Innsbruck statt. Der Jüngere schreibt dem Älteren am 2. Oktober 1877 aus München und nimmt Bezug auf eine gemeinsame Wanderung zum „großen Meer bei Lans", also dem (kleinen) Lanser See am Mittelgebirge oberhalb Innsbrucks einige Wochen zuvor. Richard schildert Ludwig Eindrücke vom Münchner Oktoberfest und erzählt über seinen Musikunterricht (Klavier, Violine, Musiktheorie).[93] Ludwig Thuilles Antwortschreiben, für das Richard Strauss sich im nächsten Brief bedankt, ist leider – wie viele andere Briefe des Tirolers – nicht erhalten geblieben. Überliefert ist Richards nächstes Schreiben, in dem er berichtet, dass er drei Sätze seiner Serenade für Orchester in G-Dur (op. AV 32) vollendet habe. Zudem erzählt er von Konzertbesuchen und gibt selbstbewusst sein Urteil über die Qualität der Ausführenden und der Aufführung kund. Haydns Schöpfung findet sein Gefallen, ebenso Quartette von Haydn, Mozart

92 Johanna v. Rauchenberger-Strauss: Jugenderinnerungen, in: Richard Strauss-Jahrbuch 1959/60, Bonn 1960, S. 7–30, hier S. 22/23.

93 Brief von Richard Strauss an Ludwig Thuille, 2.10.1877, siehe Franz Trenner (Hrsg.), Richard Strauss – Ludwig Thuille. Ein Briefwechsel (Veröffentlichungen der Richard-Strauss-Gesellschaft München, Band 4), Tutzing 1980, S. 25.

und Beethoven.[94] Der nächste Brief von Strauss an seinen Freund datiert in den Dezember 1877.[95] Zum ersten Mal findet sich darin ein Beleg dafür, dass sich die beiden über kompositionstechnische Probleme auf Augenhöhe austauschten. Strauss war damals bereits besser mit Harmonielehre vertraut, Thuille auf diesem Gebiet – am Beginn seines zweiten Innsbrucker Ausbildungsjahres bei Josef Pembaur – ein Anfänger. In einem nicht überlieferten Brief hatte Ludwig Richard um Auskunft zu einer Frage in Hinblick auf Modulationen gebeten, Richard antwortet nun bereitwillig; zudem berichtet er von der Fertigstellung der Serenade in G-Dur (op. AV 32) und von der Komposition seines Klaviertrios in A-Dur (op. AV 37) in nur eineinhalb Tagen. In diesem Brief erfahren wir außerdem, dass sich die Freunde ihre Kompositionen zusandten. Außerdem bezeichnete Richard die Faust-Ouvertüre von Wagner als „Schmarrn und Wirrwarr“, Beethovens 4. Symphonie hingegen als „herrlich“. Hier spiegelt sich natürlich die Prägung von Strauss, die vom streng konservativen Vater wesentlich mitbestimmt wurde.

Am 31. Dezember 1877 schrieb Richard Strauss an seinen „teuren Ludwig“.[96] Thuille hatte offenbar in einem vorausgegangenen Brief behauptet, Schubert sei zu Lebzeiten anerkannter gewesen als Mozart. Strauss reagierte mit Ausführungen zu Mozart, die ebenso von seiner tiefen Verehrung für diesen Komponisten zeugen wie die eben von ihm fertiggestellten Werke, die Serenade und das Trio.

94 Brief von Richard Strauss an Ludwig Thuille, 5.10.1877, siehe Franz Trenner (Hrsg.), Richard Strauss – Ludwig Thuille. Ein Briefwechsel (Veröffentlichungen der Richard-Strauss-Gesellschaft München, Band 4), Tutzing 1980, S. 26/27.

95 Brief von Richard Strauss an Ludwig Thuille, 21.12.1877, siehe Franz Trenner (Hrsg.), Richard Strauss – Ludwig Thuille. Ein Briefwechsel (Veröffentlichungen der Richard-Strauss-Gesellschaft München, Band 4), Tutzing 1980, S. 28.

96 Brief von Richard Strauss an Ludwig Thuille, 31.12.1877, siehe Franz Trenner (Hrsg.), Richard Strauss – Ludwig Thuille. Ein Briefwechsel (Veröffentlichungen der Richard-Strauss-Gesellschaft München, Band 4), Tutzing 1980, S. 29.

Im selben Brief riet Strauss Thuille, die Instrumentalmusik (gemeint ist wohl die Kunst der Instrumentation) nicht aus Büchern zu lernen, sondern aus dem Studium von Partituren, die er sich, so die Empfehlung von Strauss, bei seinem (Thuilles) Lehrer Josef Pembaur besorgen soll.

Der nächste Brief von Strauss an Thuille datiert in den 10. Januar 1878.[97] Er erwähnt fertige und in Arbeit befindliche Kompositionen, vor allem Lieder und Klavierwerke. Eines dieser Jugendwerke, die Variationen in D-Dur für Klavier (o. op. 50), widmete Strauss Thuilles Mäzenin Pauline Nagiller, der Freundin seiner Mutter. Die Briefe dieser Zeit signiert Richard mit „Dein Dich innig liebender Freund Richard".

Am 26. Januar 1878 schwärmt Richard Strauss in einem Brief an Ludwig Thuille über Mozarts Jupiter.-Symphonie und empfiehlt eine neue Bläserserenade des jungen Komponisten Julius Röntgen (1855–1932) speziell an Pauline Nagiller.[98] Offenbar schätzt Richard deren musikalische Expertise und kannte ihren Geschmack. Weiters berichtet er:

> *Soeben spielte ich meinem Klavierlehrer Herrn Tombo Deine Sonate vor, dem sie gut gefiel, besonders der 3. und 4. Satz, welch' beide auch mir am besten gefallen. Sie sind wirklich sehr hübsch und gefällt mir besonders der letzte Satz, je öfter ich ihn spiele, immer besser.*

Die Sonate, um die es hier geht, ist nicht erhalten geblieben. Richard zeigte hier ehrliches und wertschätzendes Interesse an den Kompositionen seines Freundes.

97 Franz Trenner (Hrsg.), Richard Strauss – Ludwig Thuille. Ein Briefwechsel (Veröffentlichungen der Richard-Strauss-Gesellschaft München, Band 4), Tutzing 1980, S. 31.

98 Franz Trenner (Hrsg.), Richard Strauss – Ludwig Thuille. Ein Briefwechsel (Veröffentlichungen der Richard-Strauss-Gesellschaft München, Band 4), Tutzing 1980, S. 32.

In einem Brief Richards an Ludwig vom 6. Februar 1878 war wieder Mozart Thema: Thuille stellte Beethoven über Mozart, für Strauss waren beide gleichbedeutend, ja, er hielt Mozart sogar für vielseitiger.[99] Die Mozart-Verehrung war eine Konstante im Leben von Richard Strauss; ohne sie wären Werke wie der „Rosenkavalier“ nicht denkbar. Auch als Dirigent setzte sich Strauss zeitlebens für Mozart ein, auch für damals weniger populäre Werke wie „Così fan tutte“. Mit Stolz berichtete Richard im Brief vom 6. Februar 1878 weiters über Aufführungen im Haus seines Onkels Anton Ritter von Knötzinger (1823–1913). Dessen Frau war Amalie (1837–1871), eine der Töchter des Bierbarons Pschorr.

In diesen ersten Monaten des Jahres 1878 war Strauss sehr beschäftigt. Dies belegt ein äußerst knapper Brief, den er wegen eines zu erledigenden Kompositionsauftrages (drei Lieder, u. a. op. 15/1 und op. 15/2) in höchster Eile verfasste, und die ausführliche Entschuldigung im folgenden Schreiben.[100] Im zweiten dieser beiden Briefe schreibt Strauss von einem Unfall Thuilles, der dessen Verwandte bewogen habe, „Hülfsmittel zu entziehen“. Wahrscheinlich hinderte eine Verletzung Thuille einige Zeit daran, seine Studien fortzusetzen. Rührend ist das großzügige Hilfs- und Unterstützungsangebot des Freundes, gepaart mit echter Besorgnis.

Im nächsten Brief von Ende März 1878 drückte Richard Strauss seine Freude darüber hinaus, dass Ludwig Thuilles Vormund (immer noch der Stiefonkel Ackers aus Kremsmünster?) eingewilligt hat, dass der

99 Franz Trenner (Hrsg.), Richard Strauss – Ludwig Thuille. Ein Briefwechsel (Veröffentlichungen der Richard-Strauss-Gesellschaft München, Band 4), Tutzing 1980, S. 33.

100 Briefe von Ende Februar und 1.3.1878, siehe Franz Trenner (Hrsg.), Richard Strauss – Ludwig Thuille. Ein Briefwechsel (Veröffentlichungen der Richard-Strauss-Gesellschaft München, Band 4), Tutzing 1980, S. 34–36.

Tiroler die Osterferien in München verbringen darf.[101] Nach lobenden Worten über Camille Saint-Saëns und (wieder) eine Mozart-Symphonie folgt eine Ermahnung an den etwas älteren Freund: Ein Konzertprogramm für Klavier solo (Ludwig bereitete eines für Ostern vor) sollte unbedingt auch Mozart umfassen, denn „hauptsächlich an diesen erkennt man einen fähigen Klavierspieler", eventuell auch Stücke aus der Feder von Felix Mendelssohn Bartholdy, denn sie „stehen auf einer bedeutenden Stufe" und sind „sehr schön".
Der nächste Brief vom 4. April 1878 beginnt mit „Liebster, bester, schönster, herrlichster Ludwig!".[102] Grund für den enthusiastischen Ton ist, dass Richard eben ein Paket des Freundes aus Innsbruck erhalten hat, dessen Inhalt ein Streichquartett Thuilles mit Widmung an Strauss ist. Der Eindruck vom ersten Durchspielen und Durchlesen ist ein großartiger:

> *Ich fand das Werk exquisit, melodienreich, sehr schön gesetzt, brillant gemacht, voll Steigerung, herrliche Form. Das Urtheil meines Papas schreibe ich später [...].*

Die Expertise des Vaters ist für Richard immer noch von zentraler Wichtigkeit. Der lange Brief enthält gleich mehrere ganze „Concertkritiken" von Richard Strauss, die erste zu einem Musikabend von Studenten des „hiesigen Musikconservatoriums". Bachs Orchestersuite Nr. 3 findet er ein „herrliches Werk", „feurig und voll Geist". Seine Meinung ist immer sehr pointiert und durchaus kritisch, etwa wenn er meint, ein Quintett aus „Così fan tutte" sei „von 5 Plärrern so

101 Franz Trenner (Hrsg.), Richard Strauss – Ludwig Thuille. Ein Briefwechsel (Veröffentlichungen der Richard-Strauss-Gesellschaft München, Band 4), Tutzing 1980, S. 39/40.

102 Franz Trenner (Hrsg.), Richard Strauss – Ludwig Thuille. Ein Briefwechsel (Veröffentlichungen der Richard-Strauss-Gesellschaft München, Band 4), Tutzing 1980, S.40–45.

verhunzt [worden], dass es zur Caricatur [wurde]". Von einer Quartettsoirée berichtet Strauss ebenfalls – und schwärmt diesmal von einem Werk Haydns. Auch ein Werk des Münchner Lokalheros Franz Lachner lobt er ausdrücklich; daraus ist zu ersehen, dass sein Urteil noch sehr vom Vater beeinflusst ist. Später hätte er Lachners konservative, klassisch orientierte Schreibweise gewiss nicht mehr gutgeheißen. Das nächste Konzert, über das Richard seine Meinung kundtut, ist ein „Abonnementconzert" (des Münchner Hoforchesters). Eine Ouvertüre Luigi Cherubinis gefällt ihm, den Pianisten Rafael Joseffy (1853–1915) nennt er einen „Blitzjuden", lobt aber trotzdem dessen Vortrag des e-Moll-Konzerts von Chopin. Die despektierliche Bezeichnung übernimmt er vermutlich von Vater Franz Strauss, der Joseffy laut Richard auch einen „jüdischen Schlamperer" nannte. Vater Strauss war ein Antisemit und beeinflusste den Sohn, der dann zum Beispiel ein Werk von Karl Goldmark, das im gleichen Konzert gespielt wurde, als „Schund" bezeichnete, „wieder von einem Juden". Wie Ludwig Thuille zu solchen antisemitischen Ausfällen stand, ist nicht überliefert. Am Schluss des Briefes artikuliert Richard Strauss noch einmal seine Vorfreude auf die Ankunft des Freundes in den Ferien.

Der nächste, undatierte Brief Richards stammt aus der Zeit nach Thuilles München-Aufenthalt[103]; Gegenstand ist der Eindruck einer Aufführung von Wagners „Siegfried" (damals präsentierte Hermann Levi in München die Wagner-Opern und wurde dafür umjubelt). Es ist erstaunlich, wie differenziert das Urteil des knapp 14-Jährigen ist. Noch unter dem Einfluss des Vaters stehend, muss er Wagner eigentlich ablehnen, und tatsächlich schreibt er: „[...] gelangweilt

103 Franz Trenner (Hrsg.), Richard Strauss – Ludwig Thuille. Ein Briefwechsel (Veröffentlichungen der Richard-Strauss-Gesellschaft München, Band 4), Tutzing 1980, S. 46–48.

habe ich mich wie ein Mops, ganz grauenhaft habe ich gelangweilt, so fürchterlich, daß ich Dir's gar nicht sagen kann", um dann aber relativierend hinzuzufügen: „Aber schön war's, wunderschön, dieser Melodienreichtum, diese hohe Dramatik, diese feine Instrumentation [...]." Aber erneut ändert sich der Ton und Strauss zitiert einige Stellen aus dem „Siegfried", die er für „dumm" hält, auch „Unordnung" ortet er und „grauenhaften Lärm". Am Schluss des Briefes spricht Richard noch über eine Aufführung der einst sehr viel gespielten Oper „Die Stumme von Portici" von Daniel-François-Esprit Auber (1782–1871). Hier fällt das Urteil von Richard Strauss erstaunlich günstig aus.

Ludwig Thuille dürfte in seinem Antwortbrief kritische Worte für den Opernkomponisten Auber gefunden haben, denn Richard Strauss spricht den Freund darin mit „Lieber, den Meister Auber lästernder Ludwig" an.[104] Strauss erwähnt eine Aufführung des Oratoriums „Der Tod Jesu" von Carl Heinrich Graun (1704/05–1759) und findet für das Werk sehr lobende Worte, wie auch für die Oper „Die weiße Frau" (La dame blanche) von François-Adrien Boieldieu (1775–1834).

Der nächste erhaltene Brief Richards stammt vom 28. Oktober 1878.[105] Der Münchner Gymnasiast erweist sich hier als Parodist. Er steht unter dem Eindruck einer Aufführung von Richard Wagners „Die Walküre" und vergleicht das Werk mit Mozarts „Don Giovanni" – vordergründig zu Gunsten Wagners, aber mit vielen ironischen Seitenhieben, die letztlich darauf schließen lassen, dass die ganze Werkkritik nicht ernst gemeint ist.

104 Brief vom 6. Juni 1878, siehe Franz Trenner (Hrsg.), Richard Strauss – Ludwig Thuille. Ein Briefwechsel (Veröffentlichungen der Richard-Strauss-Gesellschaft München, Band 4), Tutzing 1980, S. 48–50.

105 Franz Trenner (Hrsg.), Richard Strauss – Ludwig Thuille. Ein Briefwechsel (Veröffentlichungen der Richard-Strauss-Gesellschaft München, Band 4), Tutzing 1980, S. 52–54.

In einem Brief von Anfang Dezember 1878 schildert Richard seine Eindrücke von einem Abonnementkonzert des Münchner Hoforchesters.[106] Am Beginn stand Schumanns Symphonie Nr. 2 in C-Dur, für die Strauss lobende, aber auch kritische Worte findet. Dann beschreibt er den einzigartigen Eindruck des Klavierspiels von Clara Schumann (1819–1896), die Beethovens 4. Klavierkonzert in G-Dur sowie Solowerke ihres verstorbenen Mannes Robert und von Frédéric Chopin spielte. Richard lobt Technik, Anschlag und künstlerische Auffassung über alle Maßen.

Dem nächsten Brief von Strauss ist offenbar eine Rüge Thuilles wegen gewisser musikalischer Details in der E-Dur-Klaviersonate (o. Op. AV. 38) des Freundes vorausgegangen. Richard zeigt sich in seiner mit 21. Dezember 1878 datierten Antwort gelehrig und akzeptiert bereitwillig die Kritik Thuilles – freilich nicht in jedem Punkt[107]. Auf jeden Fall zeigt sich hier erneut: Der freundschaftliche Kontakt ist mit einem musikalischen Austausch auf Augenhöhe verbunden.

Im nächsten Brief ist es Richard, der Ludwig in launigen Worten rügt:

> *O du verblendeter Schumannianer! Ein Schumannadagio einem Beethovenadagio vergleichbar! ha! ha! ha! ha! ha! ha! das ist ja schrecklich! Was fällt dir ein! Da hört sich ja alles auf! Da möchte' man ja in einen Hut hineinstehen! Wohl hat Schumann schöne Sachen; aber Beethoven vergleichbar! ha! ha! ha! ha! ha! ha! [...]*[108]

106 Franz Trenner (Hrsg.), Richard Strauss – Ludwig Thuille. Ein Briefwechsel (Veröffentlichungen der Richard-Strauss-Gesellschaft München, Band 4), Tutzing 1980, S. 54–56.

107 Franz Trenner (Hrsg.), Richard Strauss – Ludwig Thuille. Ein Briefwechsel (Veröffentlichungen der Richard-Strauss-Gesellschaft München, Band 4), Tutzing 1980, S. 57–59.

108 Franz Trenner (Hrsg.), Richard Strauss – Ludwig Thuille. Ein Briefwechsel (Veröffentlichungen der Richard-Strauss-Gesellschaft München, Band 4), Tutzing 1980, S. 59/60.

Strauss findet einige kritische Worte für Schumann. Dann schreibt er über Wagners „Lohengrin", nennt die Oper „Lohengelb" und „Lohengrün" und findet sie „furchtbar süß und krankhaft".

Auch in den folgenden Briefen schildert Strauss in erster Linie Eindrücke von Konzerten und den dort aufgeführten Werken. Immer wieder erfahren wir interessante Details, etwa dass Ludwig Richard um eine Partitur der Bach'schen Matthäuspassion gebeten hat, die von der Sängerin Sophie Diez (1820–1887) übermittelt hätte werden sollen.[109] Diez war häufig in Innsbruck als Solistin bei Musikvereinskonzerten zu Gast. Sowohl Richard Strauss als auch Ludwig Thuille widmeten ihr Liedkompositionen.

In seinen Briefen vom Sommer 1878 berichtet Richard von neuen Musikerlebnissen und den Kompositionen, an denen er arbeitet oder die er fertiggestellt hat. Der größte Genuss ist und bleibt für ihn Mozart – er spielt dessen Klavierkonzerte durch und schwärmt von diesen Werken.[110] Im Januar 1884 schreibt Richard aus Berlin. Er ist auf einer Reise nach Mitteldeutschland, die ihm viele neue Bekanntschaften und spannende Musikerlebnisse bringt. In einem Brief vom 7. März 1884 antwortet Ludwig Thuille dem Freund – das ist der erste „Brief der Freundschaft" aus Thuilles Feder, der erhalten geblieben ist:

109 Brief vom 8.5.1879, Franz Trenner (Hrsg.), Richard Strauss – Ludwig Thuille. Ein Briefwechsel (Veröffentlichungen der Richard-Strauss-Gesellschaft München, Band 4), Tutzing 1980, S. 63.

110 Brief vom 22.7.1879, Franz Trenner (Hrsg.), Richard Strauss – Ludwig Thuille. Ein Briefwechsel (Veröffentlichungen der Richard-Strauss-Gesellschaft München, Band 4), Tutzing 1980, S. 70.

> *Nun! Berlin scheint Dich also in jeder Beziehung anzuregen und zu befriedigen: ganz, wie ich erwartet habe. Nicht wahr, es ist doch eine ganz andere Welt: ein frischer Luftzug, der gegen die faule, ewig nach Richard Wagner riechende Windstille Münchens wohltuend genug absticht.*[111]

Nur einen Tag später, am 8. März 1878, antwortet Richard und bedankt sich für das erhaltene Schreiben. Er berichtet u. a. von einer Aufführung der Symphonie Nr. 3 von Johannes Brahms. Er hält sie nicht nur für „seine schönste Sinfonie, sondern wohl mit die bedeutendste, die jetzt geschrieben worden ist".[112]

Für über ein Jahr sind keine Freundschaftsbriefe von Thuille und Strauss überliefert. Am 15. Juni 1885 schreibt Richard an Ludwig aus Frankfurt am Main[113]; dort findet u. a. eine Begegnung mit dem berühmten Dirigenten Hans von Bülow (1830–1894) statt, der Strauss kurze Zeit später als Hofkapellmeister nach Meiningen holt. Strauss setzt in seiner neuen Wirkungsstätte die Symphonie in F-Dur von Thuille aufs Programm und Thuille plant, zur Aufführung nach Meiningen zu kommen – dazu kommt es schließlich nicht. Ab dieser Zeit sind vermehrt auch die Briefe und Postkarten Thuilles an Strauss erhalten. Am 16. Februar 1886 übersendet der Tiroler einen kurzen Lebenslauf für das Programmheft des Konzertes in Meiningen.[114]

111 Franz Trenner (Hrsg.), Richard Strauss – Ludwig Thuille. Ein Briefwechsel (Veröffentlichungen der Richard-Strauss-Gesellschaft München, Band 4), Tutzing 1980, S. 77.

112 Brief von Richard Strauss an Ludwig Thuille, Berlin, 8.3.1884, siehe Franz Trenner (Hrsg.), Richard Strauss – Ludwig Thuille. Ein Briefwechsel (Veröffentlichungen der Richard-Strauss-Gesellschaft München, Band 4), Tutzing 1980, S. 79–81.

113 Franz Trenner (Hrsg.), Richard Strauss – Ludwig Thuille. Ein Briefwechsel (Veröffentlichungen der Richard-Strauss-Gesellschaft München, Band 4), Tutzing 1980, S. 83/84.

114 Franz Trenner (Hrsg.), Richard Strauss – Ludwig Thuille. Ein Briefwechsel (Veröffentlichungen der Richard-Strauss-Gesellschaft München, Band 4), Tutzing 1980, S. 97.

Am 23. Februar 1886 findet die Aufführung der Thuille-Symphonie statt und Strauss berichtet dem Freund darüber ausführlich:

> *Liebster Freund!*
> *Herzlichst, aufrichtigste Gratulation zu dem schönen Erfolge, den Dein famoses Werk gestern hier errungen hat. Die Aufführung war sehr gelungen, das Orchester spielte ganz eminent, mit solcher Lust, Liebe und Präcision, daß Du Deine helle Freude dran gehabt hättest. Das Publicum nahm die Sinfonie sehr dankbar auf, auch Hoheit sprach sich sehr freundlich über die 3 letzten Sätze aus, der erste Satz hat den Herzog etwas gelangweilt, da er ihm nicht folgen konnte, auch ist der erste Satz wirklich etwas unverhältnismäßig lang und dafür nicht übersichtlich genug, wenigstens für die Allgemeinheit und kann die großen Vorzüge des ersten Satzes eigentlich nur der Musiker schätzen. Das Adagio gefiel sehr, ebenso die beiden letzten Sätze. Alle Musiker des Orchesters sprachen sich sehr liebenswürdig über Dein Werk aus, einer meinte, das Werk würde sicher noch Aufsehen in der musikalischen Welt erregen. Mein Urtheil kennst Du ja, also nochmals herzliche Gratulation, ebenso ganz specielle Grüße von Ritter.*[115]

Am 7. Februar 1887 schreibt Richard Strauss einen Brief an Emma Dietl, der er zur Verlobung mit Ludwig Thuille gratuliert. Dort heißt es u. a.:

> *Ich habe die feste Überzeugung, dass Sie, liebe Emma, meinen liebsten und teuersten Freund so glücklich machen werden, als er es*

115 Brief von Richard Strauss an Ludwig Thuille, 24.2.1886, hier zitiert nach Franz Trenner (Hrsg.), Richard Strauss – Ludwig Thuille. Ein Briefwechsel (Veröffentlichungen der Richard-Strauss-Gesellschaft München, Band 4), Tutzing 1980, S. 98/99.

> *verdient und eine Frau überhaupt es kann. Daß ich schrecklich wählerisch war in der Wahl der Gattin für ihn, können Sie sich denken und um so mehr freut es mich, meinen lieben Ludwig nicht nur gönnen zu müssen (denn er thut ja doch, was er will), sondern ihn Ihnen aus vollem Herzen gönnen zu können und dürfen.*[116]

In einem Schreiben vom 17. Juli 1889 nimmt Ludwig Thuille auf seinen Klavierauszug zu 4 Händen der Strauss'schen Symphonischen Dichtung „Don Juan" op. 20 (Uraufführung am 11.11.1889 mit der Hofkapelle im Weimarer Großherzoglichen Hoftheater unter Leitung des Komponisten) statt, die er im Auftrag des Freundes und Komponisten anfertigen soll, Bezug.[117] Im April 1890 ist er noch nicht fertig und formuliert launig:

> *Heute bin ich sechs Stunden über der „Don Juan"-Partitur gesessen und hab' im Schweisse meines Angesichts Dein „gährend Drachengift" in klaviermässige „Milch der frommen Denkungsart" zu verwandeln gesucht.*[118]

Strauss bedankte sich mit einer besonderen Widmung dieses Schlüsselwerkes im Strauss'schen Œuvre: „Meinem lieben Freund Ludwig Thuille". Thuille freute sich seinerseits über den fulminanten Erfolg

116 Brief von Richard Strauss an Emma Dietl, 7. Februar 1887, Franz Trenner (Hrsg.), Richard Strauss – Ludwig Thuille. Ein Briefwechsel (Veröffentlichungen der Richard-Strauss-Gesellschaft München, Band 4), Tutzing 1980, S. 101/102.

117 Brief von Ludwig Thuille an Richard Strauss, 17. Juli 1889, Franz Trenner (Hrsg.), Richard Strauss – Ludwig Thuille. Ein Briefwechsel (Veröffentlichungen der Richard-Strauss-Gesellschaft München, Band 4), Tutzing 1980, S. 103/104.

118 Aus einem Brief von Ludwig Thuille an Richard Strauss, datiert „München, 4. April 1890", zitiert nach: Franz Trenner (Hrsg.), Richard Strauss – Ludwig Thuille. Ein Briefwechsel (Veröffentlichungen der Richard-Strauss-Gesellschaft München, Band 4), Tutzing 1980, S. 113/114.

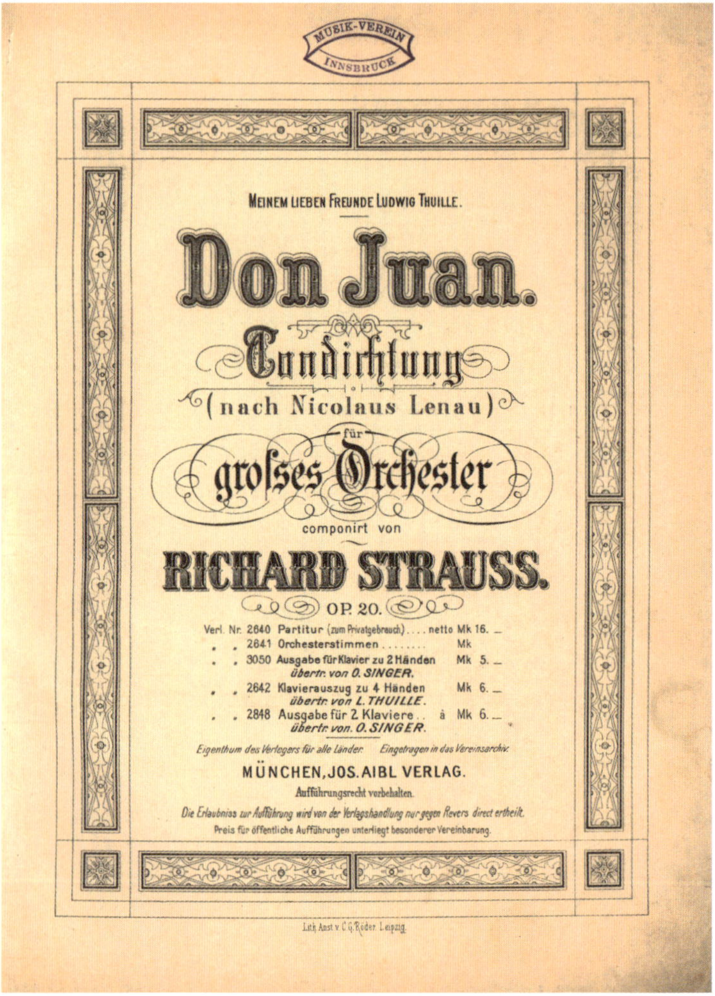
MUSIK-VEREIN INNSBRUCK

MEINEM LIEBEN FREUNDE LUDWIG THUILLE.

Don Juan.

Tondichtung

(nach Nicolaus Lenau)

für

grosses Orchester

componirt von

RICHARD STRAUSS.

OP. 20.

Verl. Nr. 2640	Partitur (zum Privatgebrauch) .... netto	Mk 16. –
„ „ 2641	Orchesterstimmen	Mk
„ „ 3050	Ausgabe für Klavier zu 2 Händen übertr. von O. SINGER.	Mk 5. –
„ „ 2642	Klavierauszug zu 4 Händen übertr. von L. THUILLE.	Mk 6. –
„ „ 2848	Ausgabe für 2 Klaviere .. à übertr. von. O. SINGER.	Mk 6. –

Eigenthum des Verlegers für alle Länder. Eingetragen in das Vereinsarchiv.

MÜNCHEN, JOS. AIBL VERLAG.

Aufführungsrecht vorbehalten.

Die Erlaubniss zur Aufführung wird von der Verlagshandlung nur gegen Revers direct ertheilt.

Preis für öffentliche Aufführungen unterliegt besonderer Vereinbarung.

Lith. Anst. v. C. G. Röder, Leipzig.

Richard Strauss, Don Juan op. 20, Titelblatt mit Widmung an Ludwig Thuille, München: Josef Aibl, 1889, Archiv des Innsbrucker Musikvereins (Depositum in: Tiroler Landesmuseum Ferdinandeum Innsbruck, Musiksammlung), Foto: TLM

Richard Strauss, Macbeth op. 23, Klavierauszug zu 4 Händen von Ludwig Thuille, München: Josef Aibl, 1891, Titelblatt, Foto: TLM

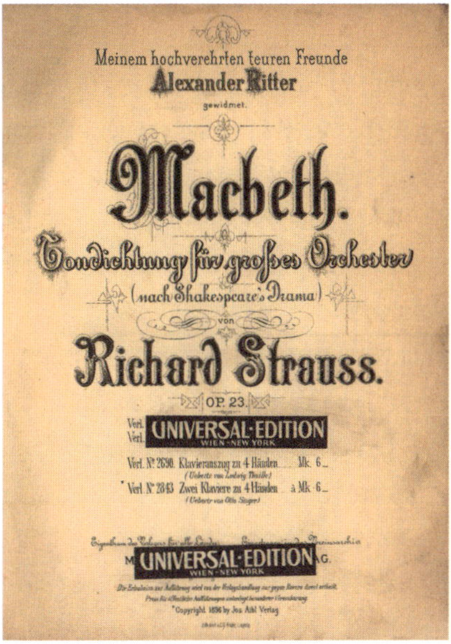

dieser Komposition und sprach vom „Erfolg Deines – *meines* – Don Juan!“[119] Thuilles vierhändiges Arrangement erschien 1890 beim Münchner Verlag von Josef Aibl.

Nach „Don Juan“ fertigt Ludwig Thuille auch für den Strauss’schen „Macbeth“ einen vierhändigen Klavierauszug an. Richard ist in dieser Zeit wegen seiner angegriffenen Gesundheit auf einer mehrmonatigen Erholungsreise, die ihn nach Ägypten, Griechenland und Italien führt. Für den Antike-begeisterten Strauss ist die Reise ein sehr eindrückliches Erlebnis. Dort arbeitet er an seinem Opernerstling „Guntram“. Richard bittet den Freund, auch dafür den Klavierauszug

119 Brief von Ludwig Thuille an Richard Strauss, München, 20. Dezember 1889, siehe Franz Trenner (Hrsg.), Richard Strauss – Ludwig Thuille. Ein Briefwechsel (Veröffentlichungen der Richard-Strauss-Gesellschaft München, Band 4), Tutzing 1980, S. 105–108, hier S. 106.

zu besorgen, Thuille aber ist mit Arbeit überlastet – er hat u. a. begonnen, an seiner ersten Oper „Theuerdank" zu arbeiten – und lehnt ab. Richard Strauss reagiert verständnisvoll.[120] Offenbar arbeitet Ludwig Thuille 1895 auch an einem Auszug zu „Till Eulenspiegels lustige Streiche", ein solcher liegt aber nicht vor.[121] Strauss ist inzwischen zum „Großherzoglich-Sächsischen Kapellmeister" in Weimar ernannt worden. Damit reduziert sich naturgemäß die Möglichkeit für den direkten Austausch von Freund zu Freund.

Im Mai 1894 schreibt Emma Thuille an Pauline de Ahna (1863–1950) und gratuliert ihr in herzlichen Worten zur Verlobung mit Richard Strauss.[122] Die Sängerin und spätere Frau des Komponisten singt in dieser Zeit eine der Hauptrollen in dessen „Guntram". Etwas später sind Emma und Ludwig natürlich Gäste bei der Hochzeit von Pauline und Richard in Marquartstein.

In den Folgejahren bittet Thuille Strauss immer wieder, er möge sich für seine Werke einsetzen. Strauss ist seit 1898 königlich-preußischer Hofkapellmeister in Berlin. Er versucht dort, die „Gugeline" des Freundes auf die Bühne zu bringen, aber vergeblich, den Theaterleitern ist die Aufführung zu kostspielig. Daraufhin präsentiert Richard Strauss den dritten Akt der „Gugeline" in einem seiner Berliner

120 Italienische Postkarte von Strauss an Thuille, geschrieben im Hotel des Palmes in Palermo am 16. Mai 1893, siehe Franz Trenner (Hrsg.), Richard Strauss – Ludwig Thuille. Ein Briefwechsel (Veröffentlichungen der Richard-Strauss-Gesellschaft München, Band 4), Tutzing 1980, S. 133.

121 Vgl. den Brief von Ludwig Thuille an Richard Strauss, vermutlich vom Dezember 1895, veröffentlicht in: siehe Franz Trenner (Hrsg.), Richard Strauss – Ludwig Thuille. Ein Briefwechsel (Veröffentlichungen der Richard-Strauss-Gesellschaft München, Band 4), Tutzing 1980, S. 142.

122 Postkarte vom 23. Mai 1894, siehe Franz Trenner (Hrsg.), Richard Strauss – Ludwig Thuille. Ein Briefwechsel (Veröffentlichungen der Richard-Strauss-Gesellschaft München, Band 4), Tutzing 1980, S. 137/138.

„Novitätenconcerte".[123] Die Briefe der Jahre 1901/02 sind knapp gehalten, von beiden Seiten. Das zeugt einerseits davon, dass sowohl Richard Strauss in Berlin als auch Ludwig Thuille in München sehr beschäftigt sind. Andererseits ist nicht zu überlesen, dass die Freundschaft abkühlt. Das ist leicht verständlich: Die räumliche Distanz zwischen der preußischen Metropole und der bayerischen Hauptstadt ist der Pflege der Freundschaft nicht förderlich. Richard ist als Hofkapellmeister mit Opernaufführungen und Konzerten, Konzertreisen und seinem Engagement auf dem Gebiet des musikalischen Urheberrechts mehr als ausgelastet und widmet sich trotzdem intensiver denn je dem Komponieren. Auch Thuille betätigt sich schöpferisch, den größten Teil seiner Arbeitskraft widmet er aber dem Unterrichten – an der Akademie und privat. Zu einem Erkalten der Freundschaft tragen auch kritische Äußerungen Thuilles über Werke von Strauss bei. Im Sommer 1902 aber schickt Strauss dem Freund einen Brief, in welchem er ihn um Hilfe bei einem kompositorischen Problem bittet. Er zitiert ein Thema, das er später in seiner „Symphonia Domestica" op. 53 verwenden wird, und bittet Ludwig um Auskunft, wie er dieses Thema fugiert verarbeiten würde, denn, so bekennt Richard Strauss freimütig über Ludwig Thuille: „Du bist ein besserer Theoretiker als ich."[124] Aus der Zeit von Oktober 1902 bis Januar 1906 sind keine „Briefe der Freundschaft" überliefert. 1906 flammt die Korrespondenz noch einmal auf, angestoßen von einem Brief Ludwig Thuilles vom 9. Januar 1906, in welchem der Münchner

123 Brief von Richard Strauss an Ludwig Thuille, datiert „Charlottenburg, den 7.ten September 1901", siehe Franz Trenner (Hrsg.), Richard Strauss – Ludwig Thuille. Ein Briefwechsel (Veröffentlichungen der Richard-Strauss-Gesellschaft München, Band 4), Tutzing 1980, S. 165.

124 Aus einem Brief von Strauss an Thuille, wahrscheinlich Sommer 1902, hier zitiert nach: Franz Trenner (Hrsg.), Richard Strauss – Ludwig Thuille. Ein Briefwechsel (Veröffentlichungen der Richard-Strauss-Gesellschaft München, Band 4), Tutzing 1980, S. 171.

Akademieprofessor bemüht ist, Missverständnisse und Unstimmigkeiten aus dem Weg zu räumen, raue Wogen zu glätten und auf dieser Basis den Freundschaftsbund zu erneuern.[125] Der Brief ist sehr offenherzig und ausführlich. Thuille schließt mit den Worten:

> *Ich weiß sehr wohl, dass dieses „Memorandum" nicht dazu angetan ist, mit einem Schlage unser altes Verhältnis wieder herzustellen. Vorderhand bin ich's zufrieden, wenn Du mir in absehbarer Zeit ein kleines Zeichen zukommen läßt, welches mir zu erkennen gibt, daß du trotz des entstellten Bildes, welches Du Dir von mir seit unserer räumlichen Trennung Schritt für Schritt zurechtgelegt hast, noch ein Fünklein guter Meinung findest für*
>
> *Deinen*
> *Ludwig Thuille*

Richard Strauss reagiert erleichtert:

> *Ich danke Dir herzlich für Deinen Brief vom 9. Januar, der mir aufrichtige freude bereitet hat. Bezeugt er doch, daß das Gefühl für unsere Freundschaft, die ich immer gleich hoch gehalten und wie ich glaube, standhaft stets bestätigt habe, Dir nicht in dem Maße verloren gegangen ist, wie ich nach seit langen Jahren sich immer mehr häufenden Anzeichen widerwillig genug annehmen musste. Darum sei ferne von mir, die mir dargebotene Hand der Versöhnung nicht zu ergreifen. Ich will gerne versuchen. Alles, was nicht schon Dein aufrichtiger Brief an Missverständnissen beseitigt hat, zu*

125 Brief von Ludwig Thuoille an Richard Strauss, datiert „München, 9. Januar 1906", siehe Franz Trenner (Hrsg.), Richard Strauss – Ludwig Thuille. Ein Briefwechsel (Veröffentlichungen der Richard-Strauss-Gesellschaft München, Band 4), Tutzing 1980, S. 173–177.

vergessen und bitte Dich, all dieser peinlichen Dinge künftighin keine Erwähnung mehr zu thuen. Sie seien für alle Zeiten abgetan.[126]

Es folgen zwei Briefe Thuilles an Strauss vom Februar und März 1906, dann bricht der Briefwechsel erneut ab. Was folgt, ist am 5. Februar 1907 die kurze telegrafische Nachricht von Emma Thuille, dass Ludwig plötzlich an einem Herzschlag verstorben ist. Das Kondolenzschreiben von Richard Strauss ist ein letztes, berührendes Zeugnis einer innigen Freundschaft:

Liebe Emma!

Ich bin noch immer ganz trostlos über die schreckliche trauerkunde, die Du mir gestern geschickt hast! Ja, wie ist denn das nur gekommen? War es eine Katastrophe, die niemand ahnen konnte, oder hatte sich ein Herzleiden gezeigt, das nun seinem lieben Leben in plötzlicher Verschlimmerung ein so jähes Ende bereitet hat? Ich habe Ludwig ja nun vielleicht 2 Jahre nicht gesehen, aber von keiner Seite hörte ich je ein Bedenken über seine Gesundheit – es ist zu schrecklich: ich kann Dir nicht sagen, wie sehr mich die Trauerkunde erschüttert hat. Ihr Armen! So jung den Vater und Gatten verlieren, der sich Tag und Nacht um seine Familie gemüht hat. Wer hätte gedacht, daß dieser kolossalen Arbeitskraft und Arbeitsfreudigkeit so enge Grenzen gezogen seien! Und ich habe ihn nicht mehr gesehen, seit er mir voriges Jahr seinen lieben reumütigen Brief geschrieben, der Brief, der mir so wohlgetan, da er mir gezeigt, daß auch er dem Jugendfreunde die Liebe und Treue bewahrt hatte, eine Liebe und

126 Aus einem Brief von Richard Strauss an Ludwig Thuille, Berlin, 8.2.1906, zitiert nach: Franz Trenner (Hrsg.), Richard Strauss – Ludwig Thuille. Ein Briefwechsel (Veröffentlichungen der Richard-Strauss-Gesellschaft München, Band 4), Tutzing 1980, S. 177.

Treue, die ich ihm jetzt nur mehr in's Grab mitgeben kann. Bitte lege ihm einen Kranz mit einem besonders treuen letzten Abschiedsgruß ins Grab: mit ihm sinkt wieder ein Stück schöner Jugendzeit dahin. Ich kann Dir meine Gefühle nicht in Worten ausdrücken: Du weißt aber wohl, wie sehr ich Ludwig geschätzt und geliebt habe und da bedarf es keiner weiteren Versicherungen und Trostesworte![127]

Mit Thuilles Tod endete eine Künstlerfreundschaft, die zwanzig Jahre währte und deren Basis eine wechselseitige Hochachtung in menschlicher und künstlerischer Hinsicht war.

127 Aus einem Kondolenzschreiben von Richard Strauss an Emma Thuille, datiert Berlin, 5.2.1907, hier zitiert nach: Franz Trenner (Hrsg.), Richard Strauss – Ludwig Thuille. Ein Briefwechsel (Veröffentlichungen der Richard-Strauss-Gesellschaft München, Band 4), Tutzing 1980, S. 182–184.

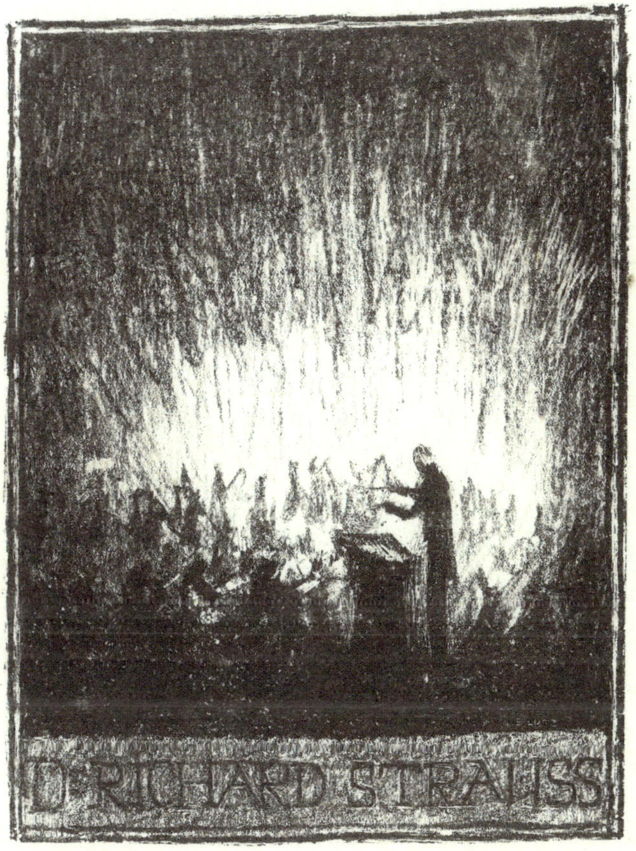

Exlibris für Richard Strauss, gestaltet von der Tiroler Künstlerin Edith Lutz-Romani, Tiroler Landesmuseum Ferdinandeum Innsbruck, Bibliothek, Foto: TLM

Ein Nachwort

Die Bedeutung von Richard Strauss als eine der bedeutendsten und prägendsten Komponistenpersönlichkeiten seiner Zeit ist unbestritten. Seine musikalische Wurzel war die deutsche spätromantische Tradition, ihr blieb er zeitlebens verbunden, obwohl er in einigen seiner Werke große Schritte in Richtung einer „musikalischen Moderne" tat. Der Rang von Strauss wird durch die Zahl der Aufführungen seiner Werke unterstrichen – die Opern gehören zum Standardrepertoire der großen und kleineren Häuser auf der ganzen Welt, die Orchesterwerke sind ungebrochen populär, ebenso die Lieder und die Kammermusik. Anders verhält es sich mit Ludwig Thuille: Seine Werke stehen immer noch viel zu selten auf den Programmen von Konzerten (und wenn, dann nur einige wenige), Wiederaufführungen seiner Opern seit seinem Tod 1907 sind an der Hand abzuzählen. Mit der musikalischen Qualität der Kompositionen lässt sich dies nicht erklären. Mit Sicherheit hätte ein Musiker vom Format eines Richard Strauss die Werke Thuilles nicht anerkannt, wenn er von deren Qualität nicht überzeugt gewesen wäre. Die Briefe der Freundschaft zeugen eindrucksvoll davon, dass Richard Strauss das Genie Ludwig Thuilles anerkannte und seinen Rat in musikalischen Dingen sehr schätzte. Eines der beredtsten Zeugnisse dieser Wertschätzung ist die Widmung der Symphonischen Dichtung „Don Juan" op. 20 an Thuille. In den späten Jahren schlugen Strauss und Thuille in ihren Werken unterschiedliche Richtungen ein und entfernten sich aus vielerlei Gründen voneinander, aber der Freundschaftsbund blieb bestehen, ebenso die gegenseitige Achtung und Anerkennung.

Kulturverein ARTON

Musik hat die Macht, uns zu verbinden und uns zu inspirieren, wir selbst zu sein. ARTON knüpft an diese Kraft der Musik an, verbindet sie mit anderen künstlerischen Disziplinen und trägt damit zur Vielfalt, welche als Grundlage der gesellschaftlichen Entwicklung anzusehen ist, bei. Der Kulturverein ARTON wurde am 8. August 2020 in Brixen (Südtirol, Italien) als ehrenamtlicher Verein gegründet – auf Initiative von Cornelia Goller, Isabel Goller, Michael Pichler und Zeno Kerschbaumer.
Im Vereinsnamen finden sich die Begriffe „Art“ (Kunst), „Ton“ (Tonalität) und „on“ (steht für Bewegung, Nähe zu den Menschen). Diese beschreiben in ihrer Verbindung die wesentlichen Ziele und Aufgaben der Vereinstätigkeit. Musik und Kunst sollen auf zukunftsweisende, nachhaltige und dynamische Art und Weise miteinander verbunden werden. Ausdruck hierfür sind die bisherigen Projekte (Stand 9/2024):

- Südtirol Filarmonica, www.suedtirol-filarmonia.it
- NUJA Meditation, www.nuja-meditation.com
- Forest Art, www.forest.art
- Lassö, www.lassoe.art
- Mosaic

Der Kulturverein ARTON lebt Fair Pay, Equal Pay und Gender Equality.

www.arton.bz

ARTON

Biografie Franz Gratl

Franz Gratl, geb. 1973 in Innsbruck; Studium Musikwissenschaft und Geschichte in Innsbruck, Mag. phil. 1997, Dr. phil. 2002 (Dissertation zur Kirchenmusik Johann Zachs, 1713–1773); ab 2002 Katalogisierungsprojekte von Musikarchiven in Nord- und Südtirol als freier Mitarbeiter von RISM (Répertoire International des Sources Musicales/Internationales Quellenlexikon der Musik) seit 2006 wissenschaftlicher Mitarbeiter und seit 2007 Kustos der Musiksammlung des Tiroler Landesmuseums Ferdinandeum: inhaltliche Konzeption und organisatorische Betreuung der Konzert-, Veranstaltungs-, CD- und Noteneditionsreihe „musikmuseum" und der Reihe „Innsbrucker Hofmusik", inhaltliche Konzeption und Mitgestaltung von Ausstellungsprojekten und wissenschaftlichen Symposien, musikjournalistische Tätigkeit; zahlreiche Publikationen, primär zur Kirchenmusik und zur Musikgeschichte Tirols.

Bibliografische Information der Deutschen Nationalbibliothek
Die Deutsche Nationalbibliothek verzeichnet diese Publikation in der Deutschen Nationalbibliografie; etaillierte bibliografische Daten sind im Internet abrufbar: http://dnb.d-nb.de

1. Auflage 2024
© Athesia Buch GmbH, Bozen
Herausgeber: Kulturverein ARTON, Brixen

Fotos: Umschlag © Richard-Strauss-Archiv/ Richard-Strauss-Institut Garmisch-Partenkirchen
Design & Layout: Stephanie Innerbichler, Sand in Taufers
Bildbearbeitung: Stephanie Innerbichler, Sand in Taufers
Druck: Finidr, Tschechien
Papier: Innenteil und Vorsatz Munken Print White

Gesamtkatalog unter
www.athesia-tappeiner.com

Fragen und Hinweise bitte an
buchverlag@athesia.it

ISBN 978-88-6839-803-3

FSC www.fsc.org MIX Aus verantwortungsvollen Quellen FSC® C014138

Bildbeschreibung Umschlag
Die beiden befreundeten Komponisten Ludwig Thuille und Richard Strauss sowie die handschriftliche Widmung (1888) von Strauss an Thuille.

Dieses Buch wurde der Umwelt zuliebe nicht mit einer Schutzfolie eingeschweißt.